古本乙女、母になる。

カラサキ・アユミ

皓星社

はじめに

「は、初めまして！　わたくし一児の母親で、趣味は古本ハンティングです！」
今の私が初対面の人に自己紹介するとしたらシンプルにこのコメントしか思い浮かばない。
暇さえあれば古本のことばかり考えているので夫にはいつも呆れられている。二歳になる息子に至っては室内に溢れる本達をも「ママッ」と指差すようになった。

私には明確な肩書きがない。
「著書を過去に一冊刊行したことはあるが、作家と名乗るほど精力的に活動して認知されているわけでもなく、古本購入資金と保育料の為に子供を保育所に預けて不定期に喫茶店勤務や執筆仕事を細々と行なっている古本大好きなフリー主婦。」

こちら、この本を手に取ってくださった方々に向けて自分が何者かを説明する為に捻り出した文章なのだが、これではあまりにも味気なさ過ぎるので本文を読む前にもうしばし私の自分語りにお付き合い願いたい。

初めての著書『古本乙女の日々是口実』(皓星社)を出版したのが二〇一八年。古本って最高に面白いよね! というパッションをがむしゃらに詰めに詰め込んだ濃い濃い一冊になった。

幼少期から二十代までの我が古本道楽ライフを、実体験による〝古本あるある〟四コマ漫画を中心に綴ったこの本は、古本好きの方々をはじめ、思いがけず多くの古本屋さんからも温かい反応をいただき(新刊にも関わらず古本屋さんが販売してくださったり)、自分の人生の一ページを打ち上げ花火のように煌めかせてくれた。

そして同年、長年私の古本癖を間近で見ていた親友でもあり歯止め役のような存在でもあった夫と結婚した。

それから五年の月日が流れた。夫との間に子供が生まれ、私は母親になった。気が付けば三十代も半ばに差しかかり、前までは好んで食べなかった酢の物やお浸し類にホッとする美味しさをしみじみ感じるようになった。子供が生まれてからというもの、今まで深く考えてこなかった〝人生について〟という現実的な問題に自問自答をする機会も増え、雑誌の巻末にある占いコーナーでは真っ先に健康運をチェックするようになった。

だが驚くことに、初めての育児に髪を振り乱し四苦八苦する生活が始まっても、古本への意欲は全く衰えることはなかった。加齢と出産を機に生じる変化に漠然とした不安を抱いていた私は「なーんだ、歳を取っても母親になっても、自分の根底にあるものは変わらないんだ。」と実感して笑ってしまった。

そんなある日、東京のネット専門古書店ノースフィールド代表の北野さんから「うちが運営するサイトで子育てに奮闘しながら古本趣味を謳歌するカラサキさんのそのリアルな日々をありのまま書いてみてください」とお声がけいただき「子連れ古本者奇譚」のウェブ連載が始まった。産後六ヶ月の時だった。

以前のように夜行バスに飛び乗って古本まつりに出向いたり、好きな時に古本屋に赴いて満足するまで滞在して大散財するというアクティブでフリーダムな古本ライフは送れなくなったものの、購入手段をネットに変えたり古本の選書感覚を研ぎ澄ませば子育て中でも古本趣味は十分楽しめることを身をもって体験し始めたタイミングだったのもあり、書きたい古本話が常に溢れ出していた。

本書は、子供が〇歳から二歳になるまでの連載の文章をまとめたもので、子育てを天秤にかけて古本趣味に勤しむ〝新米古本母こと私〟、妻とは正反対の性格と思考を持つ〝ミニマリス

ト な夫〟、そして水と油のような両者から一心に愛情を注がれて成長していく〝未来の古本戦士候補こと息子アト坊〟が主な登場人物だ。

子供のことが一番大事と思いながらもやっぱり大好きな古本を前にすると周りが見えなくなってしまう。

古本世界にもっとのめり込みたいと思いながらも子供への罪悪感で趣味行動に時折ブレーキがかかる。

こんな風に、母親道も趣味道も欲張りたいと思いつつも度々ジレンマに悩まされ両方に完全に没頭しきれていない今の私には〝中途半端者〟という肩書きが大変お似合いかもしれない。だけども半端者には半端者だからこそ得ることができる悲喜交々な面白い体験が沢山あるのである。

今からページをめくるあなたに、私の日常を通して〝趣味と子育ての狭間に生まれし愉快な世界〟を楽しんでもらえますように。

古本乙女、母になる。＊目次

BOOKS
古本堂

理性と欲望のあいだで

趣味と子育てのあいだで

母性と古本愛の一騎打ち勝負

いよいよ新しい年がスタートとなった。

時の流れは実に早いもので、昨年春に産まれた小さな小さな息子はあっという間にぷくぷくと肥えてお地蔵さんのような姿の生後七ヵ月に。アト坊と呼んでいる。

母親という立場になった今、子育てをしながら古本趣味を充実させる難しさを痛感する日々だ。出産後アト坊を連れて何度か近場の古本屋やブックオフ訪問を試みたものの……乳飲児を抱えての古本漁り、これがもう想像していた以上になかなかの重労働。機嫌やオムツにミルク、子の様子を常に気にかけながらの行動になるので始終焦りっぱなしの精神状態。それに伴い通常より倍の速さで消耗する体力。お店に入った瞬間に泣かれでもしたら「はい！　アウト～！　退場！」と無情にも脳内に鳴り響くホイッスルの音。

しかし携帯画面越しのネットでの漁書作業だけでは満たされなくなってしまった我が古本欲。やはり店に赴き棚に並ぶ本達に直に触れ、己の審美眼を頼りに琴線に触れる一冊を探索する作業に勝る快感はないのである。

そうして辿り着いた手段が、〝昨日の敵は今日の友〟作戦。我が趣味道において古本阻止派の強敵であった夫の協力を何とか得ることで、産後は古本趣味を細々と満喫することになった。古本者の母親ライフ、これから一体どんな物語が待ち構えているのだろうか。

ここでは母として一人の古本好きとして赤子と古本との悲喜交交な日常をありのまま書いていきたい。子供の成長とともにきっと様々なカタチに変化していくであろう私の新たな古本ライフ、どうか同じ古本趣味を持つ読者の皆様も、そうでない皆様も一緒に苦笑いしながら楽しんでもらえたら嬉しい。

それでは早速、採れたて新鮮な我が古本体験記を綴らせてもらいたい。

昨年の冬、出産後初めて子供を連れて夫と家族三人で遠出に挑戦した。お目当ての美術館まで高速を走ること数時間、その間大人しく眠ってくれていた生後半年のアト坊は目的地に到着した頃には元気いっぱいモードに。抱っこ紐に大人しく抱かれ始終ご機嫌で無事に展覧会を一緒に楽しむことができた。

美術館を出た頃には正午をまわっており、昼食場所を探しがてらベビーカーに乗せて散策することに。ちなみにこの日の私の脳内には、なんと古本の〝ふ〟の字も浮かんでいなかった。見知らぬ土地での予測不能な赤子との外出、緊張感の方が上回りこんな状況で古本漁りなんて不可能だろうと初めから諦めて今回の遠出に臨んだのであった。なんて母性溢れる正常な思考！

しかし……さすが私も古本の神に愛された身（恐るべきナルシスト精神）、放っておいてもらえるはずもなく、まさかまさかの古本の方から出迎えに来てくれるというミラクルが起きた。だって、土地勘もない場所を当てもなく歩いている道中に古本が売られている現場に偶然バッタリ出くわすもの？　これを運命と言わずしてなんと言うのか⁉

それは人影まばらな商店街、古本溢れるまばゆい光景が突如私の目の前にその姿を現した。昔ながらの洋品店に併設された摩訶不思議な無人古本販売所。新旧ミックスされた古本達が無造作に並ぶ棚、あまり整理されていない感じでジャンルもバラバラ、店内奥へと続く薄暗い蛍光灯に照らされた茶けた背表紙群。もう見るからにワクワクする、まさに狩猟本能が掻き立てられる風景であった。

胸のトキメキ、高まる鼓動、ギラつく瞳。おぉ久しぶりだワこの感覚！　目覚めし古本ハンターの血潮。光に群がる蛾のように店内へと吸い寄せられていく我が肉体。

「五分だけ……」

並んで歩いていたベビーカーを押す夫にそう言い残し、気が付けば三十分以上が経過。

もはや制限時間という概念が脳内から抹消された頃、店内奥に触手を伸ばしていると強烈な視線を感じた。ハッと横に目を向けると……商店街の通りから店内の私を真っ直ぐ見つめる息子と、その息子を乗せたベビーカーのハンドルを握りながら無表情で冷めた視線をこちらに向ける夫が立っていた。薄暗い店内からだと彼らのその姿はまるでホラー映画のワンシーンのように映った。

今ここで中断するか残りの棚を全部探索するか……！　全身を駆け抜ける一瞬の葛藤。まさに母性と古本愛の一騎打ち勝負。だが勝敗はすぐに決まった。

「ちょ、ちょっと待っててね！　すぐッ……すぐ終わるから！」

電光石火の如く目の前の古本を選択した申し訳なさ、不甲斐なさや焦り諸々の感情を凝縮注入したいつもの台詞を、私は大声で数メートル先にいる夫に放った。道行く人が何事かと驚いた目を向けながら通り過ぎていく。

やがて夫は何も発さず無表情で私の顔を見つめたままベビーカーを押し始め、視界からゆっくりと消えていったのであった。背筋がゾクリ。これは寒さのせいか……それとも……。

その後店内を猛ダッシュでチェックし終え、料金ボックスに購入した古本の代金を入れて慌てて店外に出ると夫と子供の姿がどこにも見当たらない。

「とうとう見放されたか……！」焦りながら辺りをキョロキョロ見回していると鐘の音が聞こ

えてきた。

商店街の中心部分の広場では巨大なクリスマスツリーが飾られており、ちょうどアト坊と同じ月齢かと思しき赤ちゃんが笑顔のお母さんに抱っこされて、お父さんに煌びやかなツリーの前で記念写真を撮ってもらっている様子が目に入った。そして広場のベンチに座り、ベビーカーを揺らす夫の姿も見つけた。古本を両手に抱え、全身全霊で申し訳なさそうな表情を浮かべながら息を切らせ駆け寄り、ベビーカーの中を覗き込む。寒さで頬を赤らめてスヤスヤと眠りについている息子の顔があった。

しかしホッとしたのも束の間、隣に並ぶ夫の静かな怒りのオーラを放つ顔は恐怖のあまり直視できなかった。

「さっきまで泣いてて大変だったんだから……。お腹も空いたし……」

「ッ……本当にすみませんッ……！」

虚しく我々親子を包み込む商店街のＢＧＭのクリスマスソング。

かたや子供との素敵な思い出作りを楽しむ夫婦、かたや腹をすかせ寒さに震える夫と我が子を残し夢中になって古本を漁っていた女。

なんとか気を取り直して地元の人で賑わう定食屋で美味しく昼食を食べ終えた頃には夫の怒

りも鎮火され、ようやく穏やかな空気が流れ始めた。

その様子を確認し、もはや内に秘めていた古本欲に火が付いてしまっていた私は、調子に乗って他の古本屋の所在を密かに携帯で調べた。すると、今いる場所からそう遠くない場所に昔ながらの古本屋が一軒あることが判明した。駄目もとで夫にお伺いを立てたところ、私の悲壮感漂う反省顔が効いたのかアト坊のことも配慮して十五分だけという約束で車で寄ってもらえることに！

移動後、駐車場に停まるや否や猛スピードで車から飛び出し、お目当ての古本屋に飛び込んだ。古本屋めがけて小走りする三十三歳の女、ここにあり。そう、既にこの瞬間から制限時間十五分のタイマーは時を刻んでいるのだ。

だが、勇んで入店したこのお店、な……なんと古本の値段がどこにも記載されていなかった。まさかの一冊一冊店主さんに確認をせねばならない緊張感必須のスタイルに動揺しつつ、私の手には既に気になる数冊の本が収まっていた。ぐぬぬぬ……値段を聞く↓値段を知る↓買うか否かを判断する――のスリーステップが必要になるのか……数分のタイムロスが予想されるな……仕方あるまい、他の棚もじっくり見たいがもうここで打ち止めだ……！　と下唇を噛み締めながら手に持った本達を店主に差し出す。

さぁ値段を確認してもらっている最中も気が気でない。夫と子を待たせた上に、また約束を破るような駄目な母親にはなりたくない（と思いつつ店主の回答を待っている間も他に何かないか棚をキョロキョロと必死に見回していた欲深い自分）。

しかし、とうとうその瞬間はやってきてしまった。気配を感じ恐る恐る後ろを振り向くと、なかなか戻ってこない私に痺れを切らした夫が入り口ドアのガラス越しに息子を抱っこしながら、氷点下の冷気を放つような眼差しでこちらを見つめているではないか。全身から冷や汗が溢れ出た。

寒空の下、抱かれた息子の鼻水が西陽に照らされてキラキラしている。

「母ちゃん……僕と父ちゃんを放っておいて一体何してんだろう」と言わんばかりのアト坊のキョトンとした無垢な眼差しがガラス越しに私の罪悪感の濃度を更に濃くしてくる。

「もう終わりますので！」

緊迫した表情とジェスチャーで必死に伝える私（その様子を眼鏡をクイっとしながら不審げに見つめる店主）。

こうしてドタバタ喜劇（はたまた悲劇か）のような久々の我が古本漁りはこれにて閉幕した。

どうしようもない罪悪感に包まれていた帰りの車中、私の膝に置かれた戦利品の古本達が入ったビニール袋が振動でカサカサとなるたびに、チャイルドシートから身を乗り出して興味

津々にそれを眺めているアト坊の様子を見ていると「……今度はどんな店でどんな古本に出会えるのかな。」といつの間にかルンルン気分になっている懲りない自分がいたのだった。

本の福袋と古本カルタ

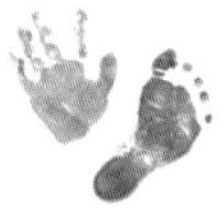

いつの間にやら一月ももう終盤だ。

一年の始まりの月ということで年明け初めの週は肉体も気持ちも心機一転と言わんばかりにどこか気合が入ってシャキッとした状態だったが、二週目、三週目となると結局いつもと変わらない「テキトー最高！」なる日常モードがお出ましになり、自分という人間はそう容易く変われぬ者なのだと痛感させられる。

今年は寅年にちなんでせめて古本道だけでもキリッと雄々しく歩んでいきたい（これは継続できる自信が百二十％なので嬉々として掲げる）。

この流れで話題に挙げるにはすっかり時期が旬ではなくなってしまったが、正月にまつわる我が思い出話を是非紹介させてもらいたい。

私が九歳のまだいたいけな少女だった頃。初詣へ行った帰りに地元の小さな書店に寄ってもらった時のこと。我が家では貰ったお年玉は全て両親に管理してもらうシステムだったのだがこの日はなぜか特別で、「好きな本に使って良い」とコメント付きで両親からのお年玉三千円がまるまる小遣いとして与えられた。

一目散に漫画コーナーに行き『コロコロコミック』の最新号を意気揚々と手に取る兄とは対照的に、私は店内に入るや否や棒立ち状態になってしまった。

〝福袋〟の白文字が大きく印刷された、どぎつい真っ赤な紙袋がワゴンの中に陳列されている光景に目が釘付けになったのである。説明書きも何もなく、「福袋三千円」とだけ書かれたポップがワゴンに控えめに貼り付けられていた。

「本屋さんに福袋……？　ということは本が色々沢山入ってるのか！　素敵！」

安直にそう思った私。小学三年生の児童の何とも純粋で可愛い発想である。

当時、少ないお小遣いで手に入る古本には既に馴染みがあったのだが新刊書店に並べられた本達にはどことなく緊張感を感じていた。子供心に〝新刊は高価で大人の世界〟というレッテルを貼っていた。なので、新刊が複数冊三千円で手に入るのだったらめっちゃ安い！　面白い本が入っているかもしれない、いや、面白くなさそうな本でも読んでみたら意外と面白いかもしれない！　そう想像してテンションが爆上がりになったのであった。

この夢のような紙袋に全財産を投入する覚悟が瞬時に決まっていた私は、後に味わう悲劇を知る由もなかった。

手に持って一番重そうな紙袋を慎重に選び、レジへと鼻息荒く向かう。

既にお目当ての本の購入を済ませていた兄が目を丸くして「お前それ買うのか？」と驚いた表情で立っている横を颯爽と通り過ぎた。

レジのおじさんが一瞬複雑な表情を浮かべたのが気になったが、すぐ笑顔に変わり「毎度有難う御座います。」と私が差し出した三千円をスッと受け取った。

意気揚々と両親が待つ車に戻ると、真っ赤な福袋を両手に抱えた私を見るなり母親がギョッとした顔で「あんたそれ買ったの⁉」と兄と同じ言葉を発した。私は足をブンブン振りながら「うん♪」と後部座席から満面の笑みを浮かべて答えた。

さて、自宅に帰ってすぐさま興奮しながら袋を閉じている硬いテープをハサミでジョキジョキと切り裂く。

「ど、どんな本達が入っているんだろう……」ワクワクしながら袋の口を勢い良く開けて中を覗き込むと……。

分度器、定規、鉛筆の束、方眼紙、穴あけパンチ、バインダー……。

四次元ポケットのように出てくる出てくる埃っぽい文房具が。

しかも、全てデザインが全然可愛くない。会社の事務用品のような古めかしい雰囲気の物ばかり。きっと長いこと売れなかった在庫を一気にこの袋に詰め込んだのだろうというラインナップ。どこが福袋だ！　不幸袋と呼ぶ方が相応しい代物だった。

「本が一冊も入ってない……騙された……」

目の前の現実が受け入れられず失意のどん底に叩き落とされた私に、「なんでそんな中身がわからない物を買ったの！　しかもお小遣い全部使って！」母の呆れた口調が追い討ちをかけてきた。呆然とする小さな脳みその中の記憶を手繰り寄せながらよくよく思い返すと、あの本屋には狭いながらも文房具売り場も併設されていたことに遅まきながら気づいたのだった。本が詰まったドリーム袋の妄想に囚われた幼い私には、まさか文具在庫一掃の福袋が書店の店頭に並んでいるとは到底思い付かなかったのである（思い込んだら突っ走る、この性格のせいで大人になってからもどれだけ失敗を招いたことだろう……）。

全財産を失った上に裏切られた期待。

「余った金でお菓子沢山買お〜っと。あぁ最高に幸せ〜」と叫びながら上機嫌にソファに寝そべり、買った漫画雑誌を早速楽しそうに読んでいる兄が恨めしく映った。未だにこの事件を超える人生史上最悪の正月の幕開けにはお目にかかっていない。

おまけにこの一件以来、福袋という存在がトラウマになった。

ただその後、あまりに憐れと思ったのか父がこの文房具一式をこっそり半額の千五百円で買い取ってくれて、気持ちがほんの少し救われた。我が家では小さい頃から大人になった現在でも母は鞭役で父は飴役だ。父とは正月に会う度に毎回この福袋事件の話題で盛り上がる。ほろ苦い子供時代の思い出も大人になれば極上の笑い話になるのだなぁとしみじみするひと時でもある。

さて、お次は過去の正月エピソードから未来に向けての話を。

最近の私は子育ての合間をぬって古本カルタなるものをチマチマと制作している。勿論、将来我が息子と遊ぶ為である。きっと古本英才教育の教材として大活躍するであろうその日を夢見て日々手を動かしている。

だが、少ない空き時間しかない上に文字と絵は全て手描き、切った段ボールにそれぞれ紙を貼り付けるという令和の時代にそぐわない超アナログな手法で作っているので完成までの道のりは凄まじく長い（試しに調べてみたらデータ入稿で簡単にできるオリジナルカルタの印刷代金、目が飛び出るお高い金額で慄いた……）

現在はサ行まで完成している。読み札を挙げてみると……。

あ　あの時に買えば良かったという後悔

い　いつも頭の中は古本のことばかり
う　うれしい時も悲しい時もそばには古本
え　えっと驚く掘り出し物
お　お気に入りの本はダブリでも買う
か　かったのにまた欲しくなる古本
き　きっともう出会えない！　熱い思いで買う一冊
く　くう寝る買うの古本ライフ
け　けがの痛みも消してくれる古本パワー
こ　この本を見つけた自分、素晴らしい
さ　さびしくないよ、古本があれば
し　しずかに楽しむ古本狩猟
す　すきな古本だらけの我が家は極楽天国
せ　せめてあと五分だけ……同伴者への常套句
そ　そうしてまた増えていく古本タワー

と、まぁこんな感じで古本を愛する者の心の声をひたすらカルタに吹き込んでいるわけなのだが、どうだろう。目を閉じるとほら、哀愁を帯びた古本者達の後ろ姿がじんわりと浮かび上がってこないだろうか。既に古本沼に堕ちた大人達にもきっと楽しめる代物であることには間違いない。

と、一人でニヤニヤぶつぶつ言いながら色鉛筆片手に机に向かっている。

実地体験（古本屋訪問）とはまた別に、イメージの輪郭を知ってもらうことも古本教育において重要な点だ。ライトからディープまで、古本ワールドがいかに広大な大海原であり、そして雄大なロマンを秘めたものであるかを知ってもらえれば……好奇心も興味も自ずと湧いて出るのではなかろうか……。

泉の如き溢るる古本フレーズ！　それらを古本カルタで遊びながらナチュラルに浴びたことがトリガーとなり、ゆくゆくは息子がオーガニックな古本男子に育ってくれるかも……！

そんでもって夫が私の古本趣味に小言を漏らした時に「父ちゃん、古本は素晴らしいンだよ、楽しいンだよ！　僕も古本大好きさ！」と私の強力な助っ人になってくれるかも……！

ふふふふふ。

膨らむ膨らむ都合の良い妄想が。

それにしても〝ふ〟の文字だけは〝古本〟の頭文字なだけに、フレーズの候補が膨大にあり過ぎてなかなか決めかねることが予想される。なので「ハ行」に突入したら制作スピードがグ

ンと落ちるかもしれない。
とは言え、現在〇歳の息子が文字を読めるようになるまでまだまだ時間があるので、真心ならぬ古本心を込めて引き続き制作に励んでいきたい。
もし古本好きに育たなかったとしても、このカルタがいつか大人になった息子にとって珍奇で愉快な思い出の一つになってくれれば最高にハッピーだなと思う。

電車に飛び乗って

雪が舞う灰色の空を車窓から眺める。

発車ギリギリのところ飛び乗った電車の車内は朝早いせいか人もまばらだった。

そっとマスクを外し、先ほど自販機で買った缶コーヒーを口に運ぶ。温かい。

この、久しぶりの感覚にクラクラと心地良いめまいがした。

缶コーヒーの味にではなく、今まさに体験している出来事の何もかもに対してだった。

ここ数日体調を崩したせいもあり、もともと日頃の疲労が溜まっていた体に更にのしかかるようにダメージを受けてしまい、気力がゼロからマイナスに差し掛かっていた。薬を飲んで肉体はなんとか持ち直したものの、肝心の精神が回復に遅れを取っていた。何をしても気が重い感じがする。きっと世に言う育児疲れというやつに違いない。

そんな状態で迎えた、金曜日の夜。夫が息子と一緒に階下で寝てくれるので私にとって唯一、緊張感から解放される安息の時間だ。

二階の寝室のベッドで久々に静寂を嚙み締めながら毛布にくるまり、考えごとをしていた。

「そうだ、前から気になっていたあの古本屋に行ってみようか」

以前たまたまネットでその存在を知った隣県の古本屋。住所と店の外観の小さな写真しか他に詳細情報は載っておらず、携帯画面越しにミステリアスなオーラを放っていた。しかし、気軽に行ける距離ではない点と、子育て中という現実もあり、初めから訪問を諦めていた。

普通だったら、布団に一日中横になって体を休めるとか、好きな映画を美味しい紅茶を飲みながら観るとか、リフレッシュにもいろいろ方法があるだろうが、私の場合は古本の右に出る癒しはない。

そして、刺激を受ければきっとこの低空飛行状態の気持ちが払拭できるかもしれない。

そう考えついた私は、電車移動で数時間かかる場所にある未知の古本屋に思い切って行くことにした。

頭の中で考えが定まると枕元の電気スタンドを点け、引き出しから紙とペンを取り出し、布団の中で子供の世話に関する一日のスケジュールや離乳食の準備の仕方まで細かく書き出していった。面倒な作業だがこの下準備がなければ夫に安心して息子を託し、又、私が安心して遠出することも出来ないのだ。

「ちょっと出掛けてくるから。よろしくね」

翌朝、夫にそう言った私の表情はどこか切羽詰まって見えたのだろう。何かを察したのか、

アト坊の取扱説明書

夫に子供を託して外出する際に書き残していったメモの一部。生後6ヶ月〜離乳食完了期の1歳半頃までは主に食事に関する内容がメイン。

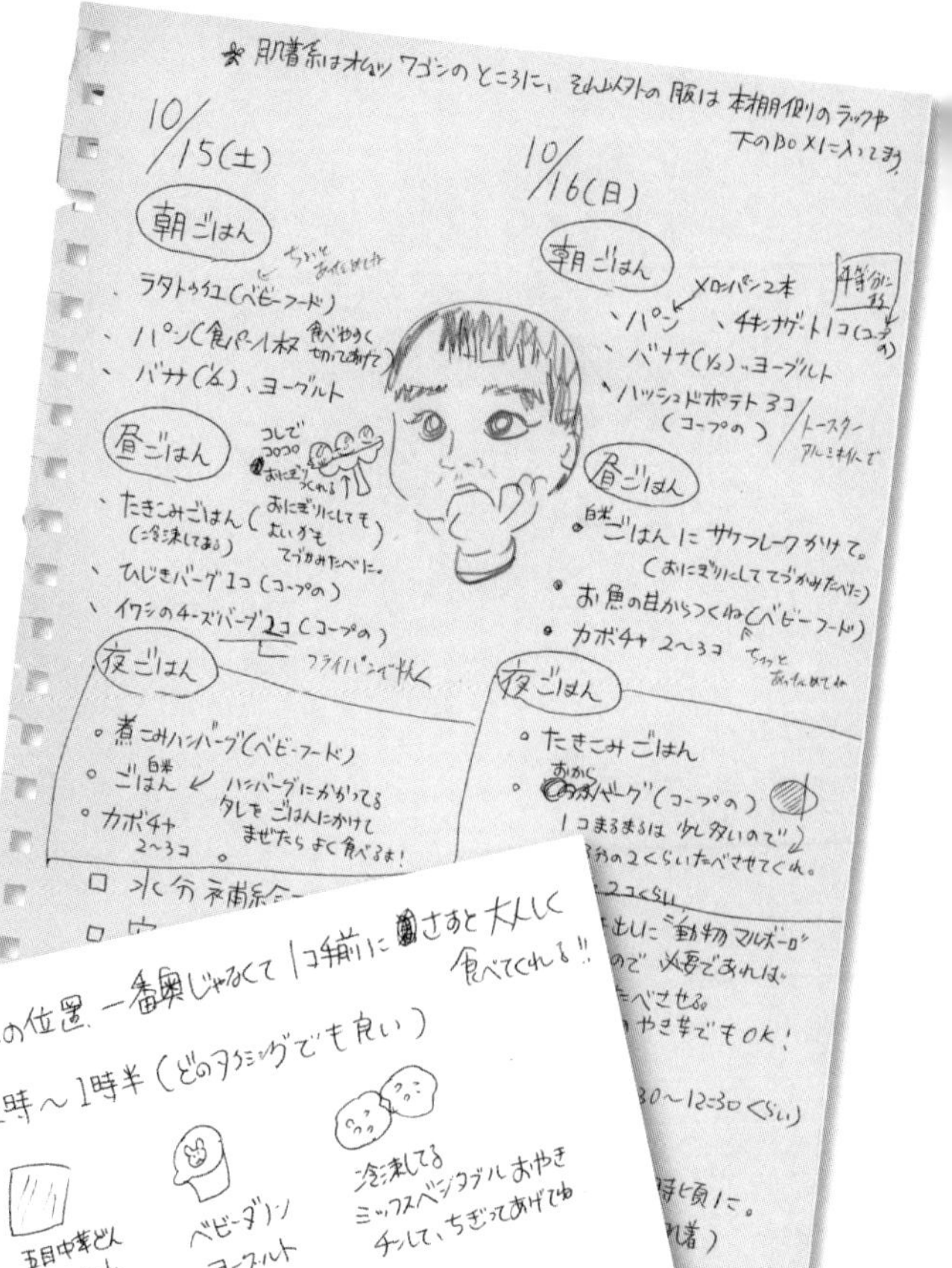

★肌着系はオムツワゴンのところに、それ以外の服は本棚仕切りのラックや下のBOXに入ってます。

10/15(土)

朝ごはん
、ラタトゥイユ(ベビーフード) ちょっとあたためてね
、パン(食パン1枚) 食べやすく切ってあげて
、バナナ(1/4)、ヨーグルト

昼ごはん コレでコロコロおにぎりつくれる
、たきこみごはん(冷凍してある) (おにぎりにしてもよいかも てづかみたべに。)
、ひじきバーグ1コ(コープの)
、イワシのチーズバーグ2コ(コープの) フライパンで焼く

夜ごはん
○煮こみハンバーグ(ベビーフード)
○ごはん 白米 ← ハンバーグにかかってるタレをごはんにかけてまぜたらよく食べるよ!
○カボチャ 2〜3コ

□水分補給

10/16(日)

朝ごはん
、パン メロンパン2本 、チキンナゲット1コ(コープの) 半分に切って
、バナナ(1/2)、ヨーグルト
、ハッシュドポテト3コ(コープの) トースター アルミホイルで

昼ごはん
・白米ごはんにサケフレークかけて。(おにぎりにしててづかみたべに)
・お魚の甘からつくね(ベビーフード)
・カボチャ 2〜3コ ちょっとあたためてね

夜ごはん
○たきこみごはん
○おからバーグ(コープの) 1コまるまるは少し多いので2/3くらいたべさせてくれ。

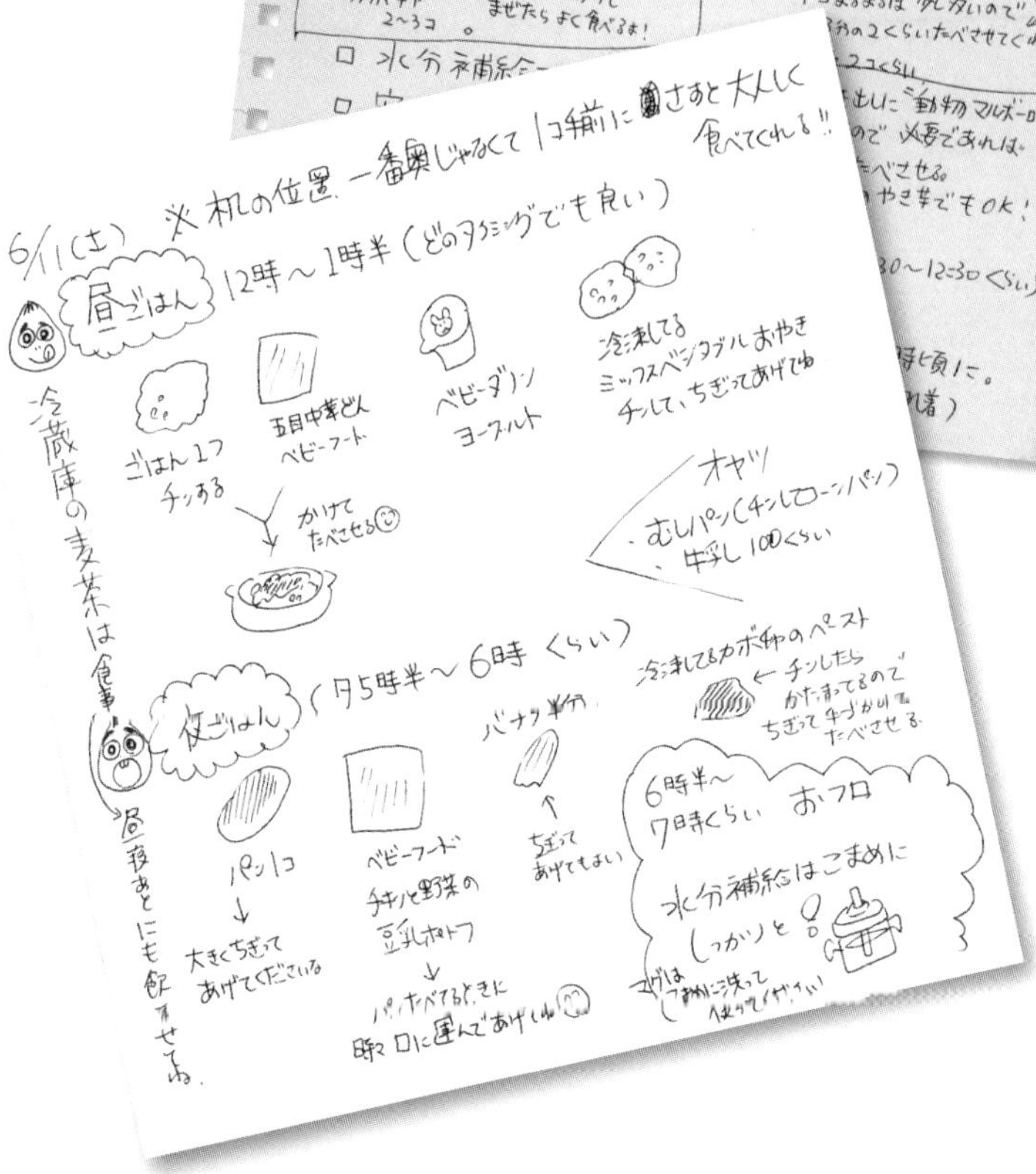

※机の位置、一番奥じゃなくて1つ前に置くと大人しく食べてくれる!!

6/11(土)

昼ごはん 12時〜1時半(どのタイミングでも良い)
ごはん1つ チンする
五目中華どん ベビーフード
かけてたべさせる☺
ベビーダノン ヨーグルト
冷凍してるミックスベジタブルおやき チンして、ちぎってあげてね

オヤツ
・むしパン(チンしてコーンパン)
・牛乳100くらい

夜ごはん (夕5時半〜6時くらい)
パン1コ ↓ 大きくちぎってあげてください
ベビーフード チキンと野菜の豆乳ポトフ ↓ パンたべてるときに時々口に運んであげてね☺
バナナ半分 ↑ ちぎってあげてもよい
冷凍してるカボチャのペースト ← チンしたらかたまってるのでちぎって手づかみでたべさせる。

6時半〜7時くらい おフロ
水分補給はこまめにしっかりと!
マグは1回ごとにきれいに洗って使ってください

冷蔵庫の麦茶は食事 → 昼・夜あとにも飲ませてね。

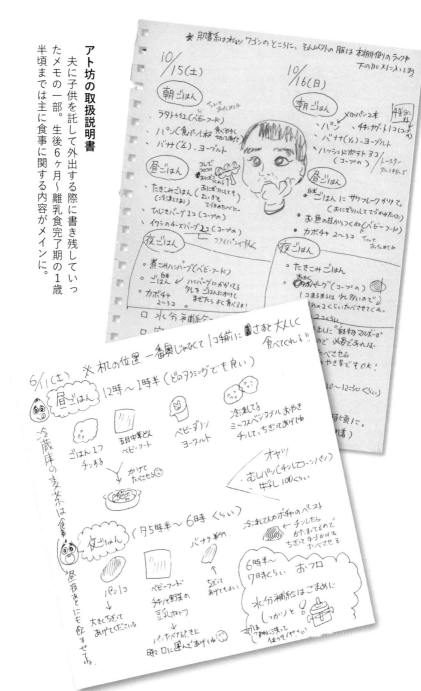

夫はただ頷いて「どこに行くのか」「何時頃に帰ってくるのか」とも何も一切聞いてこず、私が差し出したアト坊の取扱説明書をすんなり受け取った。

乗りたい電車の時間にギリギリだったので、寝癖だらけの頭をニット帽ですっぽり包み、部屋着の上にいつものロングコートを羽織り家を飛び出した。

振り向きざま、夫に抱っこされこちらを向いているアト坊の顔が、閉まりかけた玄関扉の間から見えた。

「ごめんね。すぐ帰ってくるから、良い子でね」目で息子の顔を撫でた。

早朝の電車に一人で乗ることが、とても新鮮に思えた。

以前までは当たり前だった行為が、子供が生まれてからは何やら一大イベントのように感じられるのが何だか不思議でいて面白い。

一口しか飲んでいない缶コーヒーがすっかりぬるくなった頃、最初の降車駅に到着した。

乗り継ぎの為に別のホームへと移動する。さぁこれからまた列車の旅だ。

今日のようなことは滅多にないので特急の切符を奮発して買った。片道二千五百円。一時間半かかるところを三十分短縮して行けるのだ。常に時間に追われる母親的感覚が身に染みていたのもあり、昨夜から切符の購入は決めていた。

それにしても見知らぬ路線を走る列車に乗り込むこの興奮。これも久しく味わうことのなかった感情だった。広々としたボックスシートに深く座り込む。窓辺に飲みかけの缶コーヒーを置く。首を伸ばして前後を見渡すと、幸いなことに車内はガラ空きだった。ささやかな解放感に思わず深呼吸する。

やがて列車が動き出して数分も経たない内に、先ほどまで雪がチラつくどんよりとしていた空に眩しい光を放った太陽が雲の切れ間から登場した。あれよあれよと言う間に青空が広がっていく。「いいんだよ。たまにはさ」と肩をポンポンと叩いてくれるような温かい日差しが車窓越しに私の顔に目一杯注がれた。心のどこかで子供から離れて古本屋に向かうことに対して不安と後ろめたさを感じていた私だったが、「今日はもう罪悪感なしで存分に楽しもう！」そんな気持ちが湧き立ってきたのであった。マスクの下で笑みを浮かべながら通り過ぎていく見知らぬ土地の風景を眺めた。乾いた喉にぬるいコーヒーが心地良く流れる。

暖房が利いた車内に慣れて帽子を脱ぐと、依然寝癖は新鮮なハネを留めていてピョコンと私の頭に威勢よく生えていた。

一時間の楽しき車窓旅をあっという間に終えたのち、初めて降り立った駅は想像を遥かに超える寂れ具合だった。

改札を出ると駅前の広場で鳩に餌をあげているお爺さん以外、土曜日の昼時なのに人が歩いていなかった。ロータリーに止まる数台のタクシーには座席をリクライニングにして居眠りする運転手のおじさん達。側にある商店街のアーケードにチラリと目をやるも、シャッターが続いている様子。昼間なのに薄暗く、出口の見えないトンネルのように見える。〝元気で明るいお買い物広場〟と赤いペンキで書かれた年季の入った金属看板が虚しく映った。

とにかく街全体に最高にやる気のない空気が溢れかえっている。

お目当ての古本屋がなければ生涯絶対に訪れることがなかったであろうこの街に、遠路はるばるやってきた私。自分が置かれたこのシチュエーションに、なぜかジワジワと面白さが込み上げてきたのであった。

早速、目的地の古本屋までの道のりを携帯の地図で確認して歩き始める。

道中、ベビーカーを押す女性と出会った。

すれ違いざま、さりげなく中に目をやると毛布に包まれた赤ちゃんがスヤスヤと寝ていた。ふと、アト坊を思い出した。この時間帯だったら、今頃お昼寝かな。ちゃんと寝かしつけできたかな、ぐずって泣いてないかな。

遥か離れた場所にいる夫と息子の姿を想像した。

十五分ほど歩き続け目的地付近になったので、携帯から目を離すと数メートル先に『古書買い取ります』と書かれた看板が目に入った。

こういう場面になると年甲斐もなく小走りになるのはなぜだろう。きっと投げたボールを追う時の犬はこんな気持ちなんだな、なんて思いながら重たい肉体を跳ねさせ向かった。

ようやく店の前に着くとマスクの中は湿度百二十%状態になっていた。

鼻の下の汗をハンカチで拭い、乱れた息を整えて店のガラス扉を押す。

おお……これだよ、これ。私が求めていた世界は……!

出迎えてくれたのは、並べられた茶けた古本達が醸しだす埃っぽい空気が充満する、整理が行き届いていない雑然とした店内。私の大好きなザ・古本屋の風景だった。挨拶をするも店主の姿は見当たらず。

天井までの高さがある本棚と本棚の隙間を縫うように恐る恐る移動する。ちょっとでも気を抜いて歩くと床から群生する古本タワーにぶつかりそうだ。圧倒されながらも、やがて久しぶりの漁書作業に没頭し始めた。

一時間近く滞在した結果、来店の記念にとお土産代わりに百円の文庫本を一冊だけ購入して店を出た。

残念ながら「これ!」といった本も無く掘り出し物にも出会えなかった。

でも、いいのだ。駅まで戻る道を歩きながら、自分の気持ちが十分に満たされている事に気づいた。

恐らく、純粋に体験をしたかったのだろう、私は。

行きたい場所に行き、その場所の空気を吸って、自分の五感をフルに使って好きな世界に埋没する。

しばらく味わっていなかったこの、好奇心が生み出す躍動を味わいたかったのだ。

帰りの特急を待つ間、極寒の駅のホームのベンチに座って熱々の肉まんを頬張る。すっかり昼食を食べ逃していたことに空腹感で気づき、駅前のコンビニで慌てて買った肉まんは普段食べる時よりも格段に美味しく感じられた。

定刻通りにやってきた電車に乗り込むと雪がチラつき始め、瞬く間に吹雪に変わった。真っ白い点線が矢のように飛んでいく。行きがけとは真逆の、まるで夢の世界から一気に現実に引き戻されるかのような暗澹たる風景が車窓に広がる。それでも、夫と子が待つ家路へと向かう私の心は温かく軽やかだった。

往復五千円の交通費を払って手に入れた、恐らく、どの古本屋でもよく見かけることができる文庫本を撫でながら、しみじみと満足感に浸る。

ふと、窓に反射した自分を見ると、ささくれのようだった寝癖は元通りに重力に身を任せ、私のおかっぱ頭の一部にすっかり馴染んでいたのであった。

手に汗握るご褒美タイム

珍しく夫から「明日の休みはどこに行きたい？」と日頃のご褒美リクエストを受けたある日。

私は目を輝かせて即答した。

「やっぱりそうきたか……」夫は私の要望を想定していたのか、小さなため息を吐きながらもOKをくれた。

こうして、産後初めての〝古本魔窟〟への往復切符を手に入れたのであった。

私が住む北九州には倉庫のような古本屋が一軒ある。

雑誌『BRUTUS』などのお洒落なライフスタイルマガジンの〝書店・古本屋特集〟では絶対に取り上げられない系の年季の入った古本屋だ。私はその店のことを愛を込めて〝古本魔窟〟と呼んでいる。行けば必ず何かしら掘り出し物が見つかり、必ず指が埃だらけになる大好きな店の一つなのだが、郊外にあるので電車とバスの乗り継ぎが必要になる。移動に時間もかかるので単独で乳飲児を抱えての訪問は非常に厳しい。

だが、車で連れて行ってもらえるとなれば話は打って変わり、四十分程度の所要時間で到着する上に息子はチャイルドシートでご機嫌安全に、私は優雅にくつろぎながら移動ができる。おまけに荷物が重くなっても帰りの心配もしなくて良いのだ。

さて晴れ渡った休日の昼下がり、約一年ぶりに再訪した店は相変わらず外まで古本やガラクタで溢れ返っており、依然怪しさ満点のオーラを放っていた。

その全く変わらない店の外観を車窓越しに目を細めて見つめていた私は「ただいま……」と自然と呟いていた。

車を裏手に停めてもらい、夫と段取りについて話す。

さすがに人一人がやっと移動可能な所狭しと本が積み上げられたトラップだらけの店内に〇歳児を連れて行くわけにもいかず、幸い寝てくれたのもあり、夫に子守りを任せることにした。

私「何かあったらいつでも連絡して」
夫「起きたら呼ぶから」
私「わかった。後は頼んだ！」

小声でやり取りする。

極秘ミッションを遂行するような緊張感が全身を駆け抜ける。

携帯を握りしめながら、子が起きないようにソッと車のドアを閉めた。

制限時間はアト坊が目覚めてぐずりだす瞬間まで。それは神のみぞ知る。

いつ爆発するかわからない爆弾のアラームが内蔵された携帯を握る手は既に汗で湿っていた。


「う、うわぁぁ……!」

入店した瞬間に小さく叫ぶ。

床下から天井付近まで群生する古本達。毎度のことながら改めて新鮮に驚いてしまう光景だ。す、凄い。相変わらず凄まじい物量だ。

そして入り口入ってすぐの通路脇に、魅力的な匂いをプンプン放った昭和四十年〜五十年代の種類様々な少女雑誌数十冊がピサの斜塔のように積まれているのを発見し、入店前に練っていた〝いかに短時間で効率良く店内を満遍なく見て回るか作戦〟がわずか五秒で霧のように散った。

恐る恐る一冊試しに手に取ると予感的中お買い上げ間違いなしの面白さ、おまけに破格の安値に度肝を抜かれ、初っ端から冷静さが失われる事態となった。

そう、計画通りにいかないのが古本漁り。予測不可能な事態が待ち構えているのが古本ワールド。これぞ古本ハンティングの醍醐味。

いつ鳴るかわからない携帯の呼び出し音に怯えながら十五分かけて猛ダッシュでまずはこれらの雑誌の選別作業を終えた(全て購入したかったが凄まじい量ゆえに泣く泣く数冊に絞った)。

呼吸を整えて再び店内を見渡した。喉がゴクリと鳴る。

次に立ちはだかったのが、一度見始めたら二度と抜け出せない蟻地獄のような紙物スペース。明治・大正・昭和・平成・令和の、チラシ・ポスター・エンタイヤ（使用済みの切手、または切手が貼られた葉書や封筒のこと）・錦絵・版画・地図・チケット・ラベル・絵葉書など、ありとあらゆる紙物が大量の段ボール箱に雑に詰め込まれた様子が何とも好奇心をそそる。

ゴミのようなものから珍品レベルまで、何が出てくるかわからない紙類でパンパンの段ボールがレジの前にズラリ縦横にと積み上げられているのである。

軽はずみに見始めようものなら気がつけば三時間が一瞬で吹き飛んでしまうレベルの紙地獄だ。何より、ここを通過せねば店内奥に広がる古本コーナーには辿り着けない。

いつもだったら嬉々として探索に興じていたゾーンだが、今日は状況が全く違う。タガが外れて大変なことになるから手を付けるな！　早く素通りしろ！　後には戻れなくなるぞ……！

私の理性が先ほどから囁いている。でも……でも、面白い物が沢山見つかるだろうなぁ。ちょっとくらいなら……。そんな理性と欲の狭間で揺れ動いていると、後から入店してきた老紳士がスッと隣を追い抜いていった。

やがて目の前の段ボール群にダイブするかのような勢いで一生懸命に紙物を漁り始めたではないか。その姿を羨ましく見つめる反面、彼がスペースを占領してくれたお陰で紙地獄トラップの誘惑から逃れた私は心置きなく前進することに決めた。

老紳士の後ろを「すみません」と声をかけながら身を拗らせて狭い通路を歩く。

「とんでもありません」と老紳士が更に前屈みになって答える。

往復する度にこのやり取りが発生するものだから、スムーズに移動ができず歯痒い気持ちになってしまったのだが、四回目あたりから近付く私の気配を察して事前に身を縮めて道を作ってくれるようになり、その老紳士の姿が何だか可愛らしく思えてマスク越しにニヤついてしまった。

そうして店内を駆け回るようにザッと見て回っている最中、一冊、無造作に置かれた革の装丁が美しい詩集が目に入った。

背表紙に印字された金色の文字はすっかりかすれてしまっていて読めない。本の天・小口・地の三方には天金加工が施されている。パラパラとめくると、美しい言葉で紡がれた一編の詩のページで手が止まった。思わず、私の中のロマンチシズムが疼いた。

「これは欲しい！」

すぐさま値段を確認すると五千円の文字。昔の自分なら躊躇なく購入していただろうが今の自分には即決できない金額だ。とは言え、なかなか本から手を離せないでいた。

しかし、とうとうその時はやってきてしまった。買うか買わないかを熟考しようとした瞬間だった。

　ポケットに入れていた携帯が鳴る。

「坊、オキタ。ナキヤマナイ」

「あぁゲーム終了……！」古本屋の中心で天を仰いだ。

　急いで戻らねば！

　後ろ髪を引かれる思いで詩集を元あった場所に置き、購入する古本達を抱え慌ててレジに向かう。

　短い時間ながらも、なかなか面白い本達を安く見つけることができた。

「はい、これどうぞ。手ぇ汚れちゃったでしょ～」

　レジのおばちゃんが優しい笑顔で濡れティッシュの入った容器を差し出してきた。

「今日は久々に来れたんですけど……子供がぐずり始めたみたいで……もっとゆっくり見たかったんですけど。ハハハ……」手を拭きながら思わずため息まじりに言葉が漏れていた。

「あらら～。そりゃ大変だ。じゃあ端数の金額はおまけしてあげる！」と労いの言葉をかけてくれるおばちゃんに同調するように、そばで紙を漁っていた老紳士も「ふふふ」と頷きながら私に八の字眉毛で笑いかけてくれた。

あぁ、やはりこんな居心地の良い魔窟は他にない。

ビニール袋を抱えて猛ダッシュで車に向かう。


外に出て息子を抱っこして一生懸命あやしている夫の姿が見えた。

「お利口に寝てくれてたんだけど……さっき起きてからずっと機嫌悪いんだよね」

「オムツが気持ち悪いのかも！　あと、そろそろミルクの時間だしお腹空いてるのかな……」

服の袖をまくり、瞬時に古本脳から母親脳に切り替える。

だが、狭い車の中で身をかがめ我が子のオムツを交換しながらも、頭の中は先ほど出会ったあの詩集のことで一杯になっていた。ミルクを飲ませながらもまだ考えていた。すっかり機嫌が直りニコニコ顔の息子を前にしても依然悶々とした表情が消えない私を不思議に思い問いかけてきた夫に、詩集のことを話す。

どうせ止められるだろう。己に諦めを付けさせる為に夫に諫めてもらおうと思ったのだ。

「……そんなに気になるなら買えばええやん！」

夫からの思いがけない返答に狼狽えた。

「買った分これからまた頑張ればいいじゃん」

その潔い言葉を聞いた瞬間、私は詩集を迎えに車を飛び出して店へと舞い戻った。

後日調べたところ、昭和初期に限定部数で刊行されたものでネットではどの店でもなんと数万円の値段で売られていることが判明した。函無しで状態が悪かったとは言え、到底五千円では手に入らない貴重な代物だったのだ。更に喜びが増したのは言うまでもない。

それにしてもまさか長年古本趣味において宿敵だった夫から背中を押してもらえる日が来ようとは……！

この日、私は何とも感慨深いご褒美を得たのであった。

古本者の母親ライフ

私の地元には、観光トロッコ列車が運行しており、休日になると沢山の客を乗せて駅から海辺をのんびり走って行き来する光景が見られる。遊園地にある電車遊具を本格的にしたような感じだ。

息子と手を繋いで、線路沿いを散歩しているとガタンゴトンと電車が走る音が聞こえてくる。足を止めて電車が通過するのを眺めていると、窓から私たち親子に向かって手を振ってくれる人が沢山いる。私はその瞬間がとっても好きだ。今日たまたま我々が視界に入ったのが縁で楽しい気分をお裾分けしてくれているのだ、彼らは。

笑いながら子供と一緒に手を思いっきり振り返し、はしゃぐ。力の限り小さな手をブンブン振って「ばばーい！」と乗客に向かって叫ぶアト坊もとても嬉しそうだ。その顔を見てニンマリしながら私は幸福に浸る。

子供と一緒に行動しているとこうした心温まる体験に遭遇することが多くなった。元来、私はお年寄りが愛犬を散歩させている光景を見かけるだけで幸せを味わえる人間なので、子供と過ごす日常はもはやハッピーの特売会場のようだ。

三度目の正直でやっと出会うことができた息子には古本趣味とはまた一味も二味も違った喜びや感動を与えてもらっている。


子供が欲しいと思ったのは、子供がいる人生を体験したいという純粋な欲求からだった。未知の世界に対する好奇心に近いものだったかもしれない。

これまで二度、流産の経験をした。二十代の終わりに授かった小さな命は子宮に病気が見つかったことで妊娠継続を諦めなければならなくなった。経過観察が必要なその病が完治するまで二年間の通院生活を余儀なくされ安全の為に妊活も禁じられた。これまで健康街道まっしぐらに生きてきた自分にとってこの試練は青天の霹靂だった。

最初は悲しみに打ちひしがれてはいたが、そんな時こそ古本趣味が心の支えになってくれた。とにかく、これまで以上に本を探して買って読んで……それらを熱中して繰り返していく内に停滞していた思考が開けていく感覚を味わえた。

妊活が出来ない期間は「自分一人の時間をもう少し濃く過ごしてみる為の機会」と捉えるようにして、それからの二年間は精力的に色んな場所へと古本遠征に赴いた。知らなかった世界、見たことのなかった風景、新たに出会えた未知の古本…

ああ、私はまだまだ知らないことばかりだ。母親になれないと塞ぎ込む暇があったら知らないことをもっともっと吸収して時間を無駄使いしないように使わなくては！　と、悲しみをバネに多くの思い出を得ることができた。

二度の流産の悲しみを乗り越えた三度目の妊娠時、今回で駄目だったらもう子供を望む人生は諦めよう、そんな覚悟がどこかにあったように思う。安定期を迎えるまでひたすら祈るような日々を過ごした。六周目、十週目、二十週目……妊娠週数が無事に過ぎていき、十ヶ月を経て息子は私の元にやってきてくれた。

初めての子育ては予想をはるかに上回るハードさで、人生でこんなに死に物狂いで頑張る機会はきっともう後にも先にも今しかないだろうと思いながら生まれて間もない息子とがむしゃらに向き合った。そしてそんな渦中でも息抜きに携帯を手にネットで古本買いを楽しんでいる自分がいた。

子供が新生児時代の古本買いは夫も「毎日頑張ってるご褒美」と目を瞑ってくれていたので堂々と楽しんでいた。母親になったからといってこれまで楽しんでいた趣味を控える、という思想は私にはなかった。趣味は、子育てと同様に自分が自分であるための生きがいなのだから。

古本趣味は知れば知るほど沼にハマっていくので、余程の障害がないと終わりが来ない。終わりがないのでお金も出続けていく。増えていく古本は居住空間の場所を奪う。没頭する本人以外、家族にとっては全く得のない趣味の代表格かもしれない。

子供が生まれてからは出歩くこともままならないし趣味に投じる時間の捻出が難しくなったのはもちろん、当然ながら購入する量も圧倒的に減った。だが、困ったことに古本に注ぐ金額に関してだけは全く変化がないのである。子供の存在がストッパーとなり、タガが外れた衝動も抑えれるようになったのに、である。

理由は簡単、一冊あたりに使う金額が上がったからだ。これまでは手を伸ばさなかった千円台の価格帯を安いと感じるようになった。この一冊を手頃な価格でまた一から探す為の時間と労力を今この金額で賄えるなら安いもんだと感じてしまうようになった。母親という生き物になった途端、タイムイズマネー、パワーオブマネーの精神が当たり前のように居座るようになった。欲しいものを時間も労力も最小限で手に入れられるならそれに越したことはない。母になった私の新たな古本ワールドが幕開けとなった。

そんなわけで「ママの貯金チャンス、逃すな！　貯蓄のタイミングはここ！」「子育て中これだけ節約して〇〇万円貯蓄しました！」といった子育て世帯に向けたマネープランの広告を見かけるたびに「うるさいよッ」と無視を決め込み、クレジットカードを切る度に「来月の私が頑張ってくれるはず」と謎の呪文を心の中で唱えて古本を購入している現在だ。

私が母親になって新たな古本ワールドに足を踏み入れたのと同様に父親になった夫の包囲網もパワーアップを遂げた。

アマゾンプレミアムデーに購入して我が家にやってきた防犯カメラ。

「防犯カメラぁ？　本物じゃなくて飾りでいいじゃん」という私に「このご時世、何があるかわからないでしょ。防犯対策はしっかりしておかないと。アト坊もいるんだし」と心配性の夫は購入ボタンを潔く押していた。

夫の手によって玄関に一台、裏庭に一台と設置された防犯カメラは古い一軒家に似つかわしくない最新機器で、動作を感知すると「ウィィィィ……ン」と作動する姿はスターウォーズに登場するキャラクターのようで何だか愛らしさを感じる。

深夜には庭を闊歩するイノシシや野良猫が映し出されることが多かった。暗闇でもバッチリ映っており、その光景に「見して見して～!!」と、初めてテレビが我が家にやってきた高度経済成長期の下町の子供のようにはしゃぎながら夫の携帯画面を覗いていた私はこの時はまだ気づいていなかったのである。家族の安全を守るこの防犯対策が私の古本趣味の猛烈な向かい風になることを……。

　干している洗濯物が揺れたり木々が風で揺れたり、そのような些細な動作にもピャンッと反応するスナイパーのようなこの防犯カメラ、何か動きを感知すると即録画が開始され夫の携帯に通知が届くようになっている。

　これにより宅配業者による〝置き配〟シーンも捉えられることとなった。

　配達員のお兄さんが玄関前に小包を置いていく様子が鮮明に映し出されている。その小包を大事に取り上げる私の様子もしっかり録画されていた。

　門に付いている郵便ポストから嬉々としながら包装紙を破って中身の古本を取り出す私の姿、裏庭にある納屋に夫に内緒で購入した古本達が入った袋をいそいそと隠している切ない私の後ろ姿も克明に映し出されていた。

　これまで夫にバレずに細々と楽しんできた古本買い行為が明るみに出てしまった瞬間でもあった。

　仕事から帰宅した夫が、有無を言わさぬ表情で私に向かって携帯画面を水戸黄門の印籠のように突きつけてくる度にまな板の上の鯉のような心持ちになった。

だが、どうやらこの防犯カメラ、様々な実験を重ねた結果、めちゃくちゃ早い動きには反応が遅れるらしいことが判明した。

小雨が降っていたある日、古本が入った袋を濡らすまいと郵便ポストから猛スピードで玄関に戻った私の姿が防犯カメラの映像記録に残っていなかったのである！　この日も覚悟を決めて夫の帰りをビクビクしながら待っていたのだが、お咎めが一切なかったので「もしや⁉」とピーンときたのだった。こうして私はまた一歩無敵に近付いてしまった。

防犯カメラの包囲網をくぐり抜け古本を自宅内に引き入れるべく、殺虫スプレーをかけられてもなお逃げ回ろうとするゴキブリのようにガササッと猛ダッシュでジグザグ移動する我が姿は実にクレイジーだ。

だが、このような親らしからぬ数々の行為に少なからず私の中に残っている理性が罪悪感がそうさせるのか、子供が幼稚園に入園したのをきっかけに〝自分以外のお母さん全員がしっかりとした人に見えてしまう〟現象に苛まれるようになった。

どのお母さんも「将来のこと？　まぁ明日は明日の風が吹くでしょうから！　なんとかなるなる！」と言って月の稼ぎを貯金もせずにまるまる自分の趣味に注ぎ込むようなことは絶対してないだろうし、これまで他者とろくに交流もせず偏った世界で好き勝手に生きてきた人間と違い、高いコミュニケーションスキルでほどほどの人付き合いを嗜んでいる彼女たちがひたすらに眩しく見えるのである。

確かに……この先、我が子に〝堅実の大切さ〟〝人間関係の構築方法〟を教えてあげることが出来ないのはさすがにマズい……!!

そんなささやかな劣等感と危機感を携えながら、私は今日も相変わらず古本へ愛と金を注いでいるのであった。

古本て女の
子連れ古本者あるある(?)劇場
0歳児編
なぜっ……
久しぶりに街中の古本市に出向いた。
アト坊朝からずっとご機嫌だし、ウンチもしたしミルクものんだし…ゆっくり古本漁れるなーよ フフフ〜ンよ
ウキウキ
古本まつり
しかし、いざ古本を見ようとすると——…
ギャーッ
「えっ!?」「えっ!?」
ウピィーッ
急になぜ!?
ちょっ…
キィー
静かに…
ピーッ
ヒュ〜〜
うー
ハー!…
ただいまー…
アト坊ずっと大人しくしてくれてたんだけどさー…
本見ようとしたら超叫ぶし暴れるからさー…すぐ帰ってきたー…なんでだろ…
本屋や古本屋も入った瞬間いつもだよー…
おかえり
……
トホホ…
うこーん
全然古本見れなかったー
エラいぞアト坊!!
よく母ちゃんを止めてくれたな。俺の代わりにこれからも古本買いを阻止してなぁ。
キャー
チッ…
ううう…

古本乙女の
子連れ古本者あるある(?)劇場
0歳児編
万が一……
アト坊が眠っている時の夫との会話
スピー…
スピピピー…
フーやっと寝てくれた…
寝顔も昭和感が全開でカワイイなぁ
天使のようにキュートや!
将来、私の全財産(古本しかない)ぜぇーんぶこの子にあげるんだ♡
うふふ…
Zzzz
あんたにはもうやらん
いらねーよ
ふーん…
でもさー、もしアト坊が本に興味特になく育って大人になったらさ、俺らが死んだ後あまりに片付けが大変でうらまれるかもねー(笑)「母さん、いらないモンばっかり残しやがって…!」とか言ったり。
よいしょっとコーヒーいれよ。
!?
私が丹精込めて集めてきた古本たちが…ご…ご…
ゴミに……!?
万が一の未来を想像してうろたえた人→
積読タワー↓

古本乙女の 子連れ古本者あるある(?)劇場 0歳児編
親として人として…

古本女の
子連れ古本者あるある（？）劇場
0歳児編
母是口実…
ネットで古本漁りをしている時
この本おもしろそー…
そんなに高くないし買っちゃおっかな！よっしゃ…ポチっとな
基本は安物買いを楽しんでいる。
しかし一冊1000円以上の本に関しては一瞬立ち止まる。
うぉーこの本気になるなぁ…1800円か…ふーむ…
他でも調べたけど大体この価格帯か、どーしよっかなぁ
でも結局ほとんど買うケースに至るー…
なぜなら…「いつか我が子も読むかもしれないから買って損なし!!」と、なるから。
オホホホ…また新しい古本が届くわよう♪ルンルン♪
大きくなったらアナタもお読みなさいな…好奇心を育むのよ～知識は財産よ～♡
スリスリ
ナデナデ
？
しかしー…
毎回月末のクレカの請求額を見て血の気を失っている。
なにこの金額!? 不正利用!?
ひっ…ヒイイイイー 死んじゃう!
ガタガタ
自業自得！
さっあっちに行こうねアト坊ー

古本女の
子連れ古本者あるある(?)劇場
0歳児編
いつか君と一緒に古本漁りへ…
ある晴れた日
ああ…なんて良い天気…
雲ひとつない青空…
お日様ランラン…
窓越しに空を眺めながらふと考える——…
前までは、こんな天気の良い日は思い立って遠くの古本屋まで電車乗って行ってたなぁ…
そんで何時間も古本好きなだけ漁って…定食屋でご飯食べて夜遅く帰ってきたり平気でしてたんだよなぁ…
母親になるともう前みたいに無茶はできなくなって少しさびしいなぁ…こうやって人生は変化していくんだなぁ…しみじみ…
フフッ
あうあー
あっおなか空いたかなー?そろそろだもんね
うあーー
元気だねー
でもこれからの方が新しい出来事だらけできっとめちゃくちゃ楽しいに決まってるし!!過去の楽しさも未来につなげていくぜ!!
よっしゃ
離乳食の準備するゾーよ
過去を、現在を、未来を大切に思いながら生きてます。

古本てゃの
子連れ古本者あるある(?)劇場 0歳児編
母と子の血……
プ
ホーレ
フワーン
ハッ♡
フッ…100均の30個入り風船でめっちゃ楽しんどる…
安上がりなやつよの。
ヒーッヒッヒッ
ハフハフ
キャーー
ヨダレでびちょびちょ
ハッ
わーっここの100円均一棚楽しーい♡
百円
100円でこんな面白い本買えたしあわせーーっ♡
やっぱり私達似た者親子ねェッ♡
あっ…
スッ
パシッ

理性と欲望のあいだで

夫
あのさぁ、アナタ宛に沢山本が届いてるんだけど…
ああっその本たちねっご褒美なのっごほうびっ私のっ
夫
……
この前、言ってくれたもんね!?この間ネットで古本一冊買ったって報告した時「おし、ごほうびに買え買えー毎日がんばってるから」って言ってくれたよね!?
夫
……にしたって量がスゲーよ…
育児中し我が貯金は古本に消えにけり…

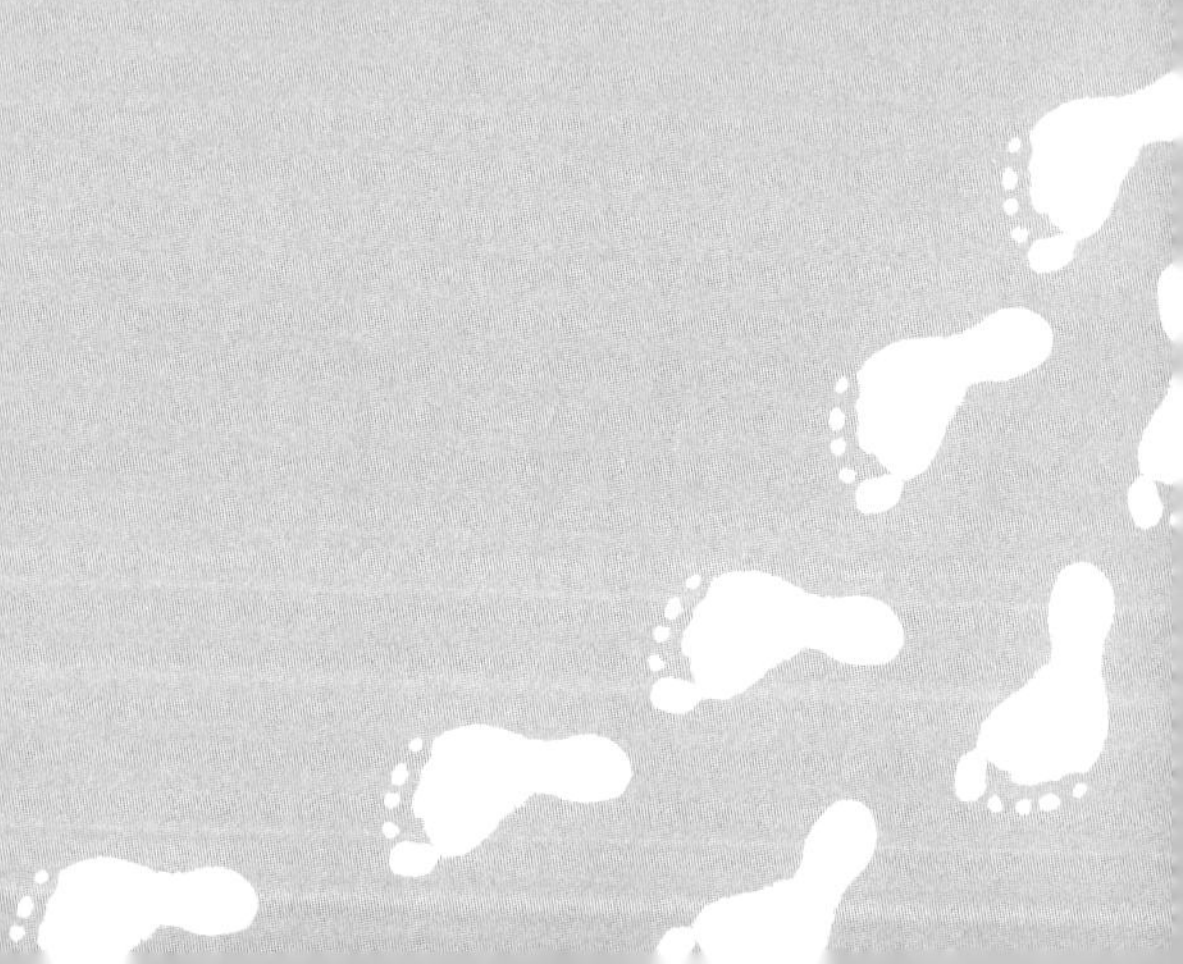

夫について

「旦那さんって実際に存在する人なんですか？」

私のSNSでの普段のつぶやきや連載を読んでくださっている方々と実際にお会いした時によく言われる台詞ランキングの第一位である。たいてい古本の話はさておき夫の話題になる。

「だってアナタ、普通、あんな優しい人いませんよ」と相手から笑いながら言われる。

もしくは初対面の人と趣味の話に興じたあと、自分が既婚者だと知るなり相手から「えッ！うっそ〜⁉（あなたよくそれで結婚できましたね、と聞こえてしまう）」と目ん玉をひん剥きながら言われたこともある。

どうやら夫は多くの人にイマジナリーハズバンドとして認識されているらしい。

子供が生まれてからはさすがにその質問は減ったが、代わりにかけていただく言葉が新たに増えた。

「旦那さんのファンです！」と。ありがたい。なんともありがたきお言葉である。

奥さんの趣味に大変理解があって子育てにも積極的に参加している、なんて素敵な旦那さんでしょう、と皆々口を揃えて夫を褒めてくださる。労ってくださる。

じゃあ夫の活躍シーン（という名のネタ）が増えるよう今後ますます私は趣味活動に邁進しなくっちゃ！と間違った方向に舵を切ろうとする私である。


私が知る限り、夫には嫉みの感情がない、他人に興味を持たない故に他人と自分を比較する思考もない、過去への執着がない。特に趣味もなくひたすらに寡黙だ。とにかく私が火だとすると夫は水のような真逆の人間なのだが、唯一モノに対する価値観だけは少なからず似た部分がある。

あと先考えずの安物買いの銭失いの私と違い、普段から揺るぎない節約スタイルの夫ではあるが、稀に使う時はしっかり散財する。自分が良いと思ったものには一度にドバババーンと惜しみなくお金を投入するのである（服やアート作品など）。そういった時は事前に必ず私に相談してくれるのだが、なぜこれが欲しいのか、なぜこれだけの対価を払う価値があるのかをプレゼンする姿は普段の寡黙な様子とは別人のようだ。夫のお金の使い方はなんというか、スピリットが感じられて面白く格好良い。

金額関係なく〝自分の心が感動して揺さぶられたもの〟を潔く購入する金銭感覚は私たち夫婦の数少ない共通点だ。私は〝揺さぶられライン〟の設定が低すぎるので、購入する量が圧倒的に多いのだが……。

なので夫は、生活圏に影響を及ぼす私の趣味行動に時折口出しはするものの、それ以外に関しては全くといっていいほど干渉してこない。よって私のＳＮＳでの発信も著書も一切読んだことがない。「読んでみない?」と仕上がった原稿を見せようとして「遠慮しときます」とこれまで何度言われたことか。

理由は「自分のことが書かれていていたたまれなくなるから……」だそうだ。なんだなんだ、恥ずかしがり屋さんだったのか君は。

そんな夫について今回書くことになったので、なぜ私と一緒に生きていくことにしたのさ、と改めて尋ねてみた。

「そりゃあ君にラブだからさ」だとか「君と一緒にいると楽しいからね」といった甘い甘いキャンデーのような返答を期待していた。だが、しばらく考え込んでいた夫が沈黙を破って返したコメントに私は衝撃を受けた。

「かわいそうだったから……」

なンだとーーーーーッ⁉　夫の胸ぐらを摑みにかかろうとする自分がいた。

「冗談だってば、冗談……」フッと笑った後に夫はそれ以上口を開くことはなかった。「あんた、そこに愛はあるんか」と某ＣＭの真似で問い詰めてみたが華麗にスルーされてしまった。そっか……恥ずかしがり屋さんだものね……照れ隠しコメントなのね、と自分で自分を納得させにかかったが、「コイツはこのままでは一人で生きていく可能性が高い……」と不憫に思われた点は本当かもしれない。

私は両親から「あんたは赤ん坊の頃、近所の橋の下で拾ってきた」という類のクオリティの低いユーモアを浴びせられて今日まで生きてきたので冗談には寛容な方なのだが、夫が時折放つこのテのブラックユーモアには今だに狼狽えてしまう。果たして冗談なのか、もしや本音なのか、真っ暗な谷底を覗くような気分になるのだった。

長い時間一緒に過ごしているが、相変わらず夫の考えていることがよくわからない。いや、片鱗は摑めるようになっているかもしれない。だが一生かけても全てはわからないことにも気づいている。まぁそれはそれで面白いとも思う。

私たちは昔から酒場に行ってもお互い語り合うなんてことはせずに「これ、美味しいね」「うん、美味い」くらいしか言葉を交わさずただ黙々と酒を口に運ぶ二人だった。色んな場所へ一緒に旅にも出たが、美しい光景を目の前にしても「綺麗だね」「うん、綺麗だね」と静かに興奮を分かち合う二人だった。

喋らなくともなぜだか私の中にはいつも安心感と楽しさが渦巻いていた。こんな風に沈黙の時間が心地良いと感じさせてくれる存在は後にも先にもきっと夫だけだと思う。

初めて出会った大学一回生の春、夫は私が人生で初めて遭遇するタイプの人間だった。長髪のパーマヘア、ニルヴァーナのカートコバーンが転写されたカットソー、ところどころ破けたダメージジーンズ。そのいでたちに無精髭も生えてガタイが良かったのもあり地下街を牛耳るギャングの手下か？と勘違いするくらい醸される圧もすごかった。第一印象は「チャラチャラしてて怖いッ」である。

なのに、なのにである。いつしか、私はハイライトとライター片手に喫煙所へと気怠げに移動する彼の姿を目で追うようになったのである。

きっかけは、ある日のお昼時に夫がベンチに座って無骨なタッパーに詰めた手製弁当（ゆかり和えご飯にウィンナーと卵焼き）を食べている姿を目撃したことだった。一緒にたむろする数人の男性陣がカップラーメンやコンビニの菓子パンを口にしている中、自分の作った弁当を食す夫の姿は一際目立っていた。この〝ギャップ萌え〟によって始まった私と夫の物語。同じ学部、同じサークルだったことも幸いし、交流を深めていくうちに友となり、やがて恋人同士になったのであった。交際中はとにかく喧嘩も沢山したが面白い出来事も負けないくらい多かった。

忘れもしない初めてのデートの帰り道での体験は、今でも時折思い出しては夫に嫌味っぽく話して苦笑いさせている。

秋の夕暮れ時、日が暮れて肌寒さが増し、私たちは震えながら肩を並べて歩いていた。

「ちょっとこの荷物持ってもらっていい？」おもむろに夫が背負っていたリュックを私に手渡してきた。言われるがまま受け取りその場に立ち止まる。目の前で夫が自分が着ていたジャケットを脱ぎ始めたではないか。彼の様子を目にした瞬間「もしや私の為に!?」と察知した私は、脳内で少女漫画によくあるシチュエーションを繰り広げた。夫が脱いだジャケットを私の肩にふぁさっ……とかける。驚いた顔で見上げる私に「風邪ひいちゃうからさ、着てなよ。俺？平気さ」と微笑みかける夫。ジャケットの温もりを感じながらトクゥン……鼓動が高鳴る私のハート。

「キャーーッ!!（照）」そこまで妄想して一人早々と頬を染めていた。

「えっ　そんな、悪いよ～！」ところから到来するときめきシーンに期待をして鼻を膨らませながら隣で慌ててみせる私だったが、「ちょっと、いい？」と夫は私が持つリュックの中からカーディガンを取り出した。先ほど店で購入していたものだった。それを素早く着用した夫は、当然のように先ほど脱いだジャケットに再び袖を通し始めたのだった。

「ふぅ、あったかい。良かった～今日カーディガン買っといて。あ、荷物ありがと」

固まる私の手からリュックを受け取った夫は何事もなかったかのように歩き始めた。夫に歩調を合わせながら、失望の波と夢見がちな己の恥ずかしさが押し寄せ身悶えした。少女漫画の世界でしか恋愛を学ぶ術を持っていなかったおぼこい私はこの日やっと痛感した。

「私が好きになった人は少女漫画には出てこないタイプの男なんや！」と。


男に頼る女にはなるまい、対等に生きていけるよう強い肉体と精神を持たねばならない、そんな強い決意を固めるきっかけを夫はこれまで数多くくれた。おかげで出会ってから十五年が経った今では猛々しく逞しい女に成長を遂げた。夫の協力があるおかげで母になった今も古本趣味を相変わらず楽しめているので感謝の嵐だ。

だが息子には、寒空の下震えている女の子に自分の上着をかけてあげるようなロマンチックな精神をもった青年に育って欲しい、と母は密かに願う。

私の妊娠がわかった時、十数年近く超がつく程のヘビースモーカーだった夫はキッパリ禁煙をした。言葉数は少なくとも夫の取る行動はいつだって実直だ。タバコの代わりに甘い物が大好きになった夫へ、子守りを任せて古本漁りに出かけた時や気分転換に散歩に出かけた時には必ずお土産にシュークリームを一つ買って帰るのが私の慣わしになった。

普段表情を変えない夫が、シュークリームを手にした途端ニヘェと口角を上げる顔はまさにアト坊にそっくりで、私はいつも込み上げる面白さを抑えられず笑い転げるのだった。

ある日、フリーマーケットにて

地元で開催されるフリーマーケットで古本を売ってみることにした。

一箱古本市や古書即売会をはじめ本好きが集うイベントにはこれまで何度か出店した経験があるのだが、いずれも静かな熱気に包まれ、本と対話するかのように一生懸命自分の琴線に触れる一冊を、丁寧に探すお客さん達の姿が目立った。

「では、本を買う予定のなかった人達の視界の中に古本を広げて売ってみたら、果たしてどんな光景が見れるのだろうか。何か違いが見つかるだろうか」という漠然とした、小さな好奇心が私の中に芽生えていた。子供からお年寄りまで集う地域のフリーマーケットはそれを観察するにはうってつけのイベントのように思えた。

出産を機に少しずつ整理をしてきた不要な本を段ボール十箱にまとめて（それでもまだまだ減らない我が家の蔵書……）当日会場に向かった。

大判写真集から単行本に文庫本、雑誌に漫画、現代の本を中心にジャンル様々な大量の本達を全て百円均一で販売することにした。儲け度外視のまさに持ってけドロボー価格だ（値付けをする暇が無かったというのが正直な所だったが、このまま自宅で眠らせておくよりは誰かの元に嫁いだ方が本も幸せだろうし、何よりこの金額なら気軽に興味を持ってもらいやすいだろうと見込んだのだった)。

やるからには徹底的にと、以前ノリでネットで購入した古本市とプリントされた幟旗も持参して臨んだ。宣伝には十分な存在感になった。


さて、フリマあるあるなのだが、開始前に商品のチェックをして回る気の早すぎるフリマハンターがどの会場にも必ず一人か二人はいる。今回は七十代くらいの老夫婦だった。巨大なお団子のビン底眼鏡の奥さん、真っ白な顎髭を生やした仙人のような旦那さん。二人ともかなり強烈な雰囲気を醸している。

大体、早朝に出没するフリマハンターにはクセの強い人が多いように思う。長年培った観察眼なのでこの傾向は確かだ。

開始時間に向けて各出店者が準備で慌ただしくしている最中に売り物の入った段ボールや袋の中を大胆に、そして当然のように覗いたり触ったりして回っている。どの出店者さんも品出し作業を中断させられて困り顔で対応している。

シートに広げる前から箱の中をあれこれと物色されると厄介だなぁ……と危惧していた私の

ところにもやがて老夫婦がやってきて、やはり予想通り二人は凄まじい勢いで段ボールに手を伸ばしてきた。

「ぬぬっ！」と素早く箱に手を添えて二人の行動を制しつつ「今から準備をするんで！　まだ始まるまでかなり時間はありますし、ね」と優しい口調でやんわりと諭す。ここで調子が狂うと今日一日の流れまで狂いそうな気がしてならなかったし、何より綺麗に陳列を終えてからスタートを切りたかった。

だが事態は思わぬ方向にダイブした。

「ほんならここで待っとくわ、ね、お父さん」「うん、そーやな」

かくして、老夫婦に見守られながら荷解きをする羽目となった。頬を伝う汗がマスクに吸収されていき何だか心地悪い。


空になった段ボールを隅に積み上げる作業を終えて振り向くと、案の定早々と我慢の限界を迎えた二人が地面に座り込んで本を見始めていた。

「私らが本並べるの手伝ってあげっから！」と免罪符のようなセリフを軽快に飛ばしながらザクザク本を漁って積み上げていっては陳列を乱していく。旦那さんに至っては少年のような目で漫画（手塚治虫の『火の鳥』）を体操座りで読み耽っていた。

その姿を見て爽やかな朝の青空を仰いだ。

「もう、彼らを止める術は……ない……」

このフリーダムさ、本好きに特化した秩序あるイベントだったら恐らくお目にかかれない光景ではないだろうか。

諦めた私は深呼吸をし、気を取り直して黙々と乱れていく本を見やすいように整えたり品出し作業を続けたりしながらフリマの開始時間を待った。

独特な風貌の老夫婦が占領している状態で果たしてお客さんは自分のブースを覗いてくれるのだろうかと内心ハラハラしていたのだが、心配をよそに開始早々、我が古本販売所には人だかりができた。一般のフリマらしい衣類やおもちゃを商品に出しているブースがほとんどの中、やはり本が並ぶ姿は目立ったのだろうか。もしくは本を漁る老夫婦の姿が目立っていたのか。

不思議そうに足を止めて遠くから眺めている人、物見遊山で確認しに来る人、興味津々に本を手に取る人、老若男女いろいろな反応や表情が賑やかに飛び交った。やはり百円という価格帯がキャッチーなのか、バンバンと撃つように本が売れていく。お金を受け取りながら「やっぱり本を読む人ってこんなにいるんだ……！」と高揚感に包まれた。

「置き場所に困るしなぁ」と単行本一冊を迷いに迷って戻す人もいれば、本が並ぶ風景が珍しいのかバシャバシャと携帯片手に本には一切触れず写真を撮る人もいたり、三冊で百円にしてくれと非常識な値切り交渉をしてくる人もいたりなど、想像の斜め上をいく人々のリアクションにも驚きの連続だった。

そして開始前から居座っていた老夫婦はその後十冊ほど買って帰ってくれた。猫好きなのだろう、猫の写真集や猫が登場する小説など大量の本の中から上手に見つけ出していた。奥さんは「面白そうな本、沢山見つかったわ。ありがと」と言いながら年季の入った巾着袋から千円札を取り出した。

受け取った千円札を私は思わずギュッと握りしめてしまった。

買ってくれたからというわけでなく、この老夫婦も立ち振る舞いに個性があっただけで自分と同じ〝本好き〟だったのだ。

老夫婦の後ろ姿を見送りながら、つい先ほどまで彼らを怪訝に思っていた自分がどうしようもなく恥ずかしくてたまらなくなった。

あぁ、私ってば……！　人を見かけで判断するなんて……！

自責の念に駆られていた私の前に、やがて杖をついたお爺さんがやってきた。

白髪頭はボサボサ、お世辞にも綺麗とは言えないボロボロのジャンバーに、毛玉だらけのジャージ。そして素足に穴が空いた靴を履いている（以下、翁と呼ぶことにする）。

翁「西村京太郎の本はないンか」
私「すみません、この中にはありませんね……」
翁「わしは○△★×□～で～¥@：$なんじゃ」
私「あ、あぁ……そうなんですね～」

どれだけ一生懸命耳を全集中させても翁が喋っている八割方が聞き取れない。年齢はなんと九十歳。どうやらご近所に住んでいるらしい。

「時代劇の本はないんか。チャンバラの本」

「すみません、それも……」

残念ながら見当たらなかった。

翁は目当ての本がないとわかっても立ち去る気配はなく、

「何かないかのぅ。何か……」

杖を地面に置き震える膝に両手をついて踏ん張るように床に並べた本の背表紙を食い入るように見つめ始めた。そしてその間も一心に喋り続けている。恐らく自分の好みについて話しているのだろうが、ほぼ何と言っているのか聞き取れない。心の中でため息を吐く自分がいた。

しかし、先ほどの老夫婦の姿と、この目の前にいる本に飢えた一人の御老人の姿が重なった。そう、きっと彼も私と一緒で本好きなのだ。

聞き取れる限り、翁の言葉をヒントに趣向に合いそうな本を探っては中身を広げて見せた。その度に「そんなもんワシは好きじゃない」と素気ない言葉を投げ返された。なかなか手厳しい。それでも諦めずにこれなんかどうでしょうと複数の本の説明をしながら二時間は経っただろうか。他のお客さんの対応をしながらの作業だったので心底疲れたのは言うまでもない。

だが驚くことに、最終的に漫画や昭和初期の週刊誌や文庫本など十冊近くの本が翁の元に嫁ぐことに決まった。

「あんたのせいで荷物が重くなったやないか」と話す翁の表情はほとんどマスクで隠れて全貌は伺えなかったが、確かに目は嬉しそうに笑っていた。最初の険しい眼差しからは想像できなかったこの満足そうな目を見た瞬間、私は今日という一日の意味を見出せた気がした。

「パソコンやら携帯やら持っとらん。年寄りにはよくわからん。昔はここらにも本屋も古本屋もあったのにもう全部なくなってしもうた。電車やバスに乗る体力ももうない。本が好きなのに買いに行けんくなった」

本が入ったトートバックを引きずりながら去っていく翁の背中を見ながら、先ほど彼が漏らしていた言葉を私は何度も思い返していた。

こうしてこの日私は、古本を通して普段遭遇し得ない濃い出来事を味わったわけなのだが、〝本好きはこうだ〟とこれまで知らず知らずのうちにイメージのレッテルを貼っていた己にハッと気づかされた体験にもなった。

そう、本と人との関わりにはそもそも形式なんてなかったのである。

道ばたに古本を広げて〈前編〉

小鳥達のさえずりが響き渡る、青空広がる爽やかな五月の朝。

小高い山の上にある自宅から、長い長い階段を下りた場所にある駐車場まで、大量の古本を手動で運ぶ地獄のような作業から〝それ〟は始まった。

「これ……全部で一体何十キロあるんだよ…本気で持って行く気……？」と慄く夫と共に、苦悶に満ちた表情で大量の古本を詰めた巨大な旅行バッグを二人して担いで長い長い階段をヨタヨタと下りる。手が引きちぎれそうになるのを堪えながら、バッグが転げ落ちぬよう夫と声を掛け合う。途中、あまりの重さによろめいて階段から足を踏み外しそうになり何度も命の危機を感じながら、やっとの思いで車のトランクに載せた。

人間が一人入るほどの大きな黒いバッグだったので、側から見たら「死体を入れた袋でも運んでいるんじゃないか」と疑われそうな光景だった。

長距離マラソンを完走したかのような疲労と汗まみれになった私と夫は、眩しい朝日を浴びながらまじまじと荷物を眺めた。

「これ……帰りにもう持って上がるのは……無理だよ……絶対に嫌だからね俺……」

「大丈夫！　今日は絶対売れる！　面白い本ばっかりだし安くしてるし！　自信あるもん！

安心して！　帰りはこのバッグはスカスカよ！」

夫に鼻息荒く啖呵を切った私の胸は夢と希望と高揚感に包まれていた。

そうして残りの荷物を取りに息を切らせながら再び階段を駆け上がった。

そう、今日は地元で開催される古本販売の催しに参加するのだ。

〝自宅に眠る不要な本を持ち寄って一日だけの古本屋さんを開きませんか？〟という魅力的な
宣伝フレーズ。会場は市内の活気ある商店街の中。

先日のフリマと違って今回は本好きに特化したイベント。しかも場所は人通りが多い日曜の
商店街。

これはかなり期待できる商況になるに違いない！

地元で参加する初めてのイベント、好奇心が踊り出していた。

そうして張り切って準備した総重量約六十キロの古本。車体がその重さで若干沈んでいた。

最後の荷物を……いや、今月一歳になったばかりの息子を抱っこしてまた長い階段を下る。

チャイルドシートに乗せようと車のドアを開けた瞬間、夥しい量の荷物を目にしたアト坊は
ギョッとした表情を見せた。

会場には一番乗りだった。ふふっ張り切りすぎたぜ……と自分にツッコミを入れながら五百円の出店料を払って受け付けを済ませ設営の準備に取り掛かる。

ちらりと他のブースの数を確認すると出店者は自分を入れて十店舗のみ。

「え……少なッ」と思わず声を漏らした。大々的に宣伝していたから、もっと多いかと思ったのに……。

元々本に関するイベント自体がレアな地域柄で認知度が低いのか、そもそも不要になるほど本を所持している人がいないのか……。えっ……となると、本好きのお客さんも少ないのだろうか……。う、売れるのだろうか……。などと様々な憶測が脳内を飛び交う。どうやら今回の古本市は自分が想像していたよりもかなりこぢんまりとした規模のイベントのようだった。

こうして始まる前から若干不安げな気持ちが芽生えた頃、やがて息子を抱っこした夫がコンビニから戻ってきた。昼ご飯のおにぎりとお茶が入った袋を受け取る。今日は私がいない半日、夫が子供の面倒を見てくれることになっている。地面に敷いたシートの上に古本をずらりと並べて作業している私を不思議そうな顔で眺めているアト坊。

「改めて広げてみたら凄い量だね。どう？　売れそう？」

「う、うん……」（思わず喉がゴクリと鳴る）

夫の何気ない言葉に行きがけのテンションとは違った声色で返答した。

「……じゃ、俺らは帰るから。頑張ってね。帰りは荷物も減るだろうから車で迎えに来なくて良いんだっけ？　そう言ってたよね？」

「う、うん……」（手汗がじんわり）

駐車場に向かう夫と子供の後ろ姿を見送りながら、私は先日の惨劇を思い出していた。

前回のフリマで大量に古本を売った際、かなり売れたとは言っても持参した古本の量があまりにも多かった為、一見、物量が減っていないかのようだった。

迎えに来た夫が売れ残った古本の山を見て、私を一瞥してため息をついたのは言うまでもない。

「この大量の本を、あの階段を上ってまた家に運び込むのは御免だ！」と撤収作業が済むや否やそのまま強制的に近場のブックオフに持ち込まれることに。

早急に車を空にせねばならない状況に、私も夫の荒技とも言えるこの判断に抗う術がなかったのであった。

そして、結果は段ボール七箱で五百四十円………。

「良い本沢山あったのに……たったのこれだけ……？　え？　一冊五円……⁉」

査定結果の用紙を見て膝から崩れ落ちた。

夫もあまりの安さにさすがに驚きの表情を浮かべていたが、「でも、これで身軽に帰れる！」とすぐに鼻歌を奏で始めた。

初めてブックオフで買い取りの洗礼を受けたあの日の衝撃は一生忘れまい。

そして、あの悲しみを今回も繰り返すわけにはいかない！


今回持参した古本達は、増殖し続ける新たな古本達から追いやられるように隅に置かれ存在が薄くなっていたところ、このイベント行きが決まったものばかり。

しかし、どれも思い入れがあった特別な一冊であり自慢の子達だ。

きっと次の持ち主も楽しませてくれるに違いない。

今日誰かの琴線に触れる機会があれば、こんな嬉しいことはないのだが……。

なんとしても全員新たな持ち主の元へ旅立って欲しい。

そうこうして設営を終えた頃、他の出店者さん達もぞくぞく到着してそれぞれ準備に取り掛かり始めていた。私の左右は両方とも女性の出店者さんで絵本や文庫本、料理雑誌にライフスタイルマガジンなど女性や子供が楽しめそうな新しめの本を中心にしたラインナップ。

コンパクトなキャリーケースから本を取り出し、手際良くシートの上に表紙が見えるように並べていく。どの出店者さんも、持参している本の量が圧倒的に少ないのでスッキリと見やすい陳列になっていた。

その様子をさりげなく眺めながらますます不安が募っていくのがわかった。

私はというと、わざわざ持ってきた木製本棚にギュウギュウに昭和臭プンプンのレトロな古本を並べ、箱の中に雑誌やら大判本を詰め、おまけに春画の浮世絵やお色気本、マッチラベルのスクラップブックや古絵葉書などの大量の紙物まで盛大に広げている。

全体的に物量が多くガチャガチャしている陳列な上に、周囲と比較して初めて、自分のブースが一般ウケしない、埃っぽいマニアックな品揃えであることに気づいたのであった……。

極め付けは店主である私が〝古書の大海原へ……ＴＨＥ古本者〟とデカデカと刺繍が入ったエプロンまで身につけている点だ。

紛れもなく〝古本サイコー！　古本バンザイ！　イエーイ！〟と一人浮かれているイベントビギナー丸出しの人間が、そこにいた。都会に来たお上りさんの如し。

ほとんどの出店者さんが知的で落ち着いた空気を放っていたので、この温度差がかなり際立っていた。

やがて開始時間近くになるとブースをチェックし始めるお客さんの姿がチラホラと現れ始めた。

「いらっしゃいませ、どうぞ見てってくださいね」

「こんにちは」

ナチュラルに声掛けをしたり、早速お客さんと会話を楽しんだりしている左右の出店者さんとは対照的に、私はというと必死に文庫本を読むふりに徹していた。

なぜなら自分のブースのみ閑古鳥が鳴いている状態でいたたまれなかったからだ。だが、文庫本に目をやりながらその実、視界に入るお客さんの足だけに必死に神経を集中させていた。

自分のブースの前で足を止めて数秒眺めて「ここは……ないな」とスッ……と去っていく人、または素通りしていく人の多いこと。

やがて周囲から「全部で○○円です」「お買い上げありがとうございます！」と賑やかな笑い声が飛び交う中、私のブースだけ独特の空気に包まれていた。

パラパラとページを捲るもそのまま本を戻し無言で去っていく人、並べている本を次から次へと手に取っては喋りまくって結局何も買わずに去る人、数冊しか置いていない昭和のお色気本を見つめながら「ここはそういう（卑猥な）イメージの店かと思ったわ。他の人も勘違いするわよ、きっと」とわざわざ皮肉を言って去る人。

予想とは正反対の光景に、私の脳内のお花畑は一面、ブリザードフラワーと化していた。

「あぁやっちまった……本のセレクトを誤ったか……。いや！　ここが保守的な地方だからだ！　ここが東京だったら絶対に大繁盛に違いない！　こんなに珍しくて面白い本が沢山ある

のに誰も食いつかないなんて！　なんでやねん！」
スタート早々に玉砕の片鱗を感じ取り、やさぐれモードになっていた私だったが、その後事態は思わぬ方向へと転向していく。
さぁ、果たしてどのようなお客さん模様と売り上げ結果が待ち構えているのだろうか⁉　後編に続く‼

道ばたに古本を広げて〈後編〉

「い、いらっしゃ……あっ……」

「いらっ……」

先ほどから自分のブースの前で立ち止まるお客さんにナチュラルに声がけをしようと試みるも、てんで駄目だ。誰も彼もが並べている本達を数秒眺めるだけでサッと去っていく。

恥ずかしがって文庫本を格好つけて読んでる場合じゃない！　ここは印象を明るくして少しでもお客さんにアピール！　そう気合いを入れて顔を上げるも、目の前の厳しい光景にすぐに挫けそうになる…を繰り返していた。

こ、こんなにも自分が持参した古本達が興味を持ってもらえないなんて……！

〝いらっしゃいませ、どーぞ、見てってくださいねー！〟

他の出店者さん達が軽やかに言い放つフレーズ、それに応えるようにはにかみながら並んでいる本をしゃがんで物色するお客さんの姿。

右を向いても左を向いても繰り広げられているその光景が何とも眩しく映る。

気がつけば一箱古本市が開始して優に一時間は経っていた。

マスクの中は深いため息を吐き続けたおかげでサウナ状態に。

「もしかして今日はこのまま終わるのでは……」

そんな時に夫からメールが届いた。

「売れてますか？　本は順調に減っていますか？」

なぜか敬語なのが少し怖い。手汗を滲ませながら返信の文字を打つ。

「うーん……バッチグー!?」とだけ書いて送信した。

この世にこれほど〝はぐらかし〟を凝縮した返しがあろうか。

しばらくして、息子が昼ご飯を食べている姿と昼寝をしている画像だけが送られてきた。

「うぅ……せ、せめてこの子のミルク代の分だけでも売れて欲しい……！」

無邪気な我が子の写真を見て、またため息が出た。

ひょんなきっかけで隣のブースに出店している店主さんと会話が始まった。

九州で開催される様々な一箱古本市の出店の常連さんらしく各イベントの特色や個性を細かく教えて下さり、これがまた大変面白かった。

驚いたのが、建築デザイン関係の洋雑誌を大量に並べていた若い女性出店者さんの話で、飛ぶように売れた結果なんと開始早々「もう売るものがなくなったので帰ります」と言って颯爽と撤収したそうな。

しかも前回開催されたこの場所での一箱古本市の出来事とのこと。

ぐぐ……なんてカッコいいんだ！　そして羨ましい！　やはり〝お洒落感〟なのか！　求められているのは！　どうせ埃っぽい古本はウケませんよなぁぁぁ！　と私のひねくれた精神がさらにねじれていくのがわかった。

「えっやばっ これ超可愛くない？」

「うわっ めっちゃエモぃー！」

諦めモードで再び文庫本に逃避していた私の目の前に、緑と紫のカラフルな二つの頭がツムジを見せて並んでいた。

今風のファッションに身を包んだ女の子二人組がしゃがみ込んで興奮しながら本や紙物を物色している。どうやらお向かいにある美容室のスタッフさんらしい。休憩の合間に立ち寄ってくれた様子で、戦前の雑誌の付録本や昭和レトロな絵柄が可愛いメンコの袋詰めなどを面白がって色々買っていってくれた。

準備しておいた釣り銭袋が今日初めて活用された瞬間だった。

「ありがとうございぁしたぁー！」

勢い余って居酒屋スタッフのような威勢の良さで叫んでしまった。

彼女達が福を招いてくれたのか、やがて次々とお客さんがやってきた。

古い映画の本数冊を選んでくれた近所の喫茶店のマスター。

うんうん、お似合いです。

清楚なお嬢様という雰囲気の女性が楽しそうにチョイスしたのは、まさかの昭和のお色気写真が満載の本。

「え⁉　この人が⁉」という驚きと共に、この本の面白さを理解してくれる人がいるんだ！という嬉しいギャップと遭遇できるのも手渡しで本を売る楽しさのひとつだ。

真剣な表情で本を手にする中学生くらいの姉弟も印象的だった。

「これ……すごく面白そう……」

「俺もこの本買おうかな……」

それぞれ二人が注目している本を思わず覗き込んでみる。

お姉ちゃんは旅館の女将さんによるサービスの心得を説いた本を、弟くんの方は昔ながらの喫茶店で繰り広げられる人情漫画だった。

どちらも私が特に気に入っていたもので、まさかこんな渋いマニアックな本をこんな年若い子達が嬉しそうに手に取ってくれるとは全く思いもしなかったので、本当に嬉しかった。お節介とは思いつつそれぞれの本の面白さを力説すると二人とも目を輝かせながら聞いてくれた。

「(私を見て) これ買います! (弟を見ながら) あんたの分も私が払ったげるよ」

「え、いいの? やったァ! ありがとう……! (すごい嬉しそう)」

姉弟愛溢れる場面も見せてもらって胸がいっぱいになったので、思わず百円ずつおまけをしてあげた。

昭和初期の観光土産葉書と観光ガイド本を買ってくれた六十代くらいの男性は「やっぱりさ、楽しいんだよね! こればっかりはやめられないね!」とこちらまでルンルン気分が移りそうな調子で話しかけてくれた。

マスクをしていても分かるくらいの満面の笑みだ。いいなぁ、何かを全力で楽しんでいる人を見るとこちらまでワクワクしてくるじゃないか。

古い時刻表や昔の観光地のパンフレットを骨董市や古本屋で探し求め、自宅でそれらを机に広げお酒を飲みながらタイムスリップ擬似観光をするのが最高の楽しみだそうだ。

私も、人から見たら「え! ただのゴミじゃん?」と言われかねない古い紙物(昭和の広告チラシや包装紙など)を眺めるのが好きなので、この方には共感の嵐だった。今度真似して私も机上タイムトラベラーになってみよう。

その後も本を通して個性様々なお客さんの楽しそうな表情に出会った。

最初に芽生えていた、やさぐれ精神はすっかり消え失せていた。

一冊一冊本が売れる度に心の中で丁寧に別れの挨拶を呟いた。

本が新しい持ち主と出会う、それは私と本とのお別れの瞬間でもあるが同時に美しい瞬間だ。

やっぱり、本って嬉しい存在だよなぁとしみじみ思った。

こうした一箱古本市ならではの醍醐味をずっと存分に味わっていたかった。

だが、終了時間が近づくにつれて「帰り、どうしよう……」この問題が激しい雷雨を予感させる積乱雲のように私の脳内にモクモクと育ってきた。

売れているとは言え、持参した量が量なだけにやはり大量の本が売れ残る結果は確定しつつあったからだ。

これを担いで、電車に乗ってバスに乗って……様々なシミュレーションを試みるが、いくら頑丈にできている私の肉体をもってしても自滅する結末しか浮かばなかった。

夫に助け(迎え)を要請するか……いや、今朝あんなに強気で啖呵を切ったのもあるしなぁ……でもなぁ……。不相応なプライドがチラついた。

そうこう悶々としている内にとうとうイベント終了の時刻を迎えてしまった。

他の出店者さんがものの数分で撤収作業を終え「お疲れ様でしたー!」と爽やかに立ち去っていく。やがて、大きな旅行鞄と登山用リュックに試行錯誤しながら売れ残った本達を必死な形相で詰めていく自分一人が商店街に取り残されていた。

ようやく荷物を一纏めにし終えたところで、どっこいしょと両手を腰に当て深呼吸する。頑張って自力で帰るかぁと覚悟を決めた時だった。ん？　ハッと目を凝らす。人もまばらになった夕暮れ時の商店街、数十メートル向こう側から見覚えのある顔が二つこちらに向かってくるのが見えた。あれは……息子と夫だ‼　おぉ神よ‼！

全てを察したかのような表情で歩みよる夫の背中からは後光が差していた。

夫婦愛を噛み締めながら目を潤ませる私の存在を無視して旅行鞄の持ち手をグイッと持ち上げてみる夫（重さで軋む音）。

「……やっぱりあんまり減ってないね」

「へへっ。でも楽しかったよ」

夫に荷物運びを任せ、息子を抱っこする。最近体重が増えてすっかり重たくなったなぁ、でも大量の古本の重さに比べたらまだまだ平気だ！　と思えた。

コインパーキングに停めてある車に荷物を詰めた後、近くの喫茶店でお茶をすることに。向かった先は今日、古い映画の本を買ってくれた八十代のマスターが営む喫茶店だ。

昼ご飯がおにぎり一個だったので空腹に耐えかねた私はオムライスを、夫はチョコパフェを、息子には厚切りトーストを注文した。

食後のアイスコーヒーを飲みながら今日一日の出来事を振り返る。

〝自分の蔵書を手放す行為には様々な素晴らしい発見がある〟が今日、私の人生ノートに書き加えられた。

そして既に書かれていた〝夫の協力ほど有難いものはない〟には新たに蛍光ピンクのマーカーが力強く引かれた。

売上金で勘定を払い、残ったお金を茶封筒にしまう。小銭でパンパンだ。数えてみるとなんと一万円ほどあった。なかなかの成果ではないか。

鼻歌混じりに封筒を振りながらチャラチャラと小銭のぶつかり合う音を息子に聞かせると、生えたばかりの米粒のような前歯を見せてケタケタと笑った。

本棚に種を蒔く

SNSで子供との他愛もない日常を日記感覚でしょっちゅう投稿しているせいか〝子育てに関するトピックス〟が頼んでもいないのに勝手にオススメで表示されるようになった。

その中には役立つ情報もあるが時に「親の意見や価値観を子供に押し付けては駄目」といったフレーズがナチュラルに視界に飛び込んでくることもある。

これらを目にする度に私は思わずギクリとしてしまう。

我が息子、アト坊は一歳を過ぎたあたりからよちよちと自力で歩けるようになった。まだまだ危なっかしいが、力強く大地を踏み締めて歌舞伎役者のように腕を上げてバランスを取りながら一歩一歩進む姿は、もうすっかり赤ちゃんを卒業して幼児だ。

絵本を並べた本棚から本を取り出すのもお手のもので（ヤンキー座りの後ろ姿は哀愁すら感じさせる）、摑んでは勢い良く床に放り投げる。本の中身よりも人差し指でページを開く行為の方が面白いらしく、しょっちゅうめくっている。

そして困ったことに、前世はヤギか？　と突っ込みたくなるくらい紙を食べる。我が家の絵本のどの背表紙にも蔵書印のようにアト坊の歯形が刻まれている。もちろん、静かになった後ろ姿やほっぺたの動きで察知してすぐさま口から吐き出させるのだが……（なので今はまだ硬いボード型の絵本しか与えることができない）。

本の読み聞かせはするも、大人しく聞いてはくれない。絵本を開こうものなら母の手から奪い取ろうと毎回レスリングのような格闘が繰り広げられる。よく、お洒落な育児雑誌で見かける〝子供と過ごす絵本の時間♡〟なんて見出しが付けられた「ママと赤ちゃんが笑顔で一冊の絵本を一緒に眺めている微笑ましい写真」とは全く無縁の荒々しい世界を、今日も我々親子は生きている。

どうやら彼が本をおもちゃではなく〝読み物〟として認識する日はまだまだ先のようだ。

それでも毎日アト坊の顔を眺める度に「将来はどうか本が好きな子に育っておくれ……」と心の中で呪文のように呟いている。

果たしてこれは古本趣味を持つ私のエゴなのだろうか。でも本を好きな方が絶対楽しいよ！　ん？　待てよ。これこそ価値観の押し付けになるのか？　いやいや、まだ何も強要していないから違うか。あぁ、なんだか頭が疲れてきた。

でも考えてみたら自然に本を好きになってもらうって一体どうしたらいいんだ……？

そこで思いついたのが子供の目線になってみることだった。

とは言え子供の気持ちになるには三十もとうに過ぎた身にはなかなか厳しいものがある。だが自分の幼少期や過去の記憶を振り返り、それら実体験を今後の本好き育成の参考にすることは可能だ。

私の子供時代は身近に本があるのが当たり前の環境だった。本好きの母の書斎は格好の遊び場だった。同い年の友達のような本、憧れの綺麗なお姉さんのような本、学校の先生のような本、近所に住む変わったお婆さんのような本……まるで個性豊かな人間模様のように、いろんな背表紙が沢山並んでいた。まだ内容がわからずとも眺めるだけでワクワクしたものだ。

人によって様々な考え方やモノの見方があるという大切なことを教えてくれたのは本だった。賑わう輪の中にいる楽しさも知ってはいたが、私は一人でいることを好む子供だった。孤独を肯定してくれたのも本だった。

本、本、本……あげたらキリがないくらいの大勢の思い出達が私の頭の中で踊っている。

母が「こどものとも」を定期購読してくれていたので、毎月一冊新しい絵本が届くのが楽しみで仕方なかったのが、私の一番幼い頃の本との記憶だ。確か幼稚園に通い始めた頃なので三歳くらいだろうか。郵便受けに絵本が入った茶封筒が届いているのを見つけると飛び跳ねて喜んでいた。

小学生の時に本屋で初めてねだって買ってもらったのは天体図鑑。夜空を見上げるのが好きなロマンチック少女だったのである。図鑑を夢中で眺め宇宙の底知れぬ神秘に胸を躍らせ、同時に真っ暗な無限の世界を想像して恐怖で眠れない夜もあった。

中学生になる頃には学校の帰りや休日に一人で古本屋に行くのは当たり前になっていた。安い均一棚の前で琴線に触れる本を目を凝らしながら探す作業が楽しくてたまらなかった。少ない小遣いでもテーマパークで遊び尽くしたくらいの充足感を味わえた。

百円の本から大切なことからくだらないことまで実に様々なことを学んだ。

小さい頃に眺めていた母の本棚は、私が本を好きになるキッカケを与えてくれた紛れもない存在だった。

知識が知識を呼び、視野が広がると目線が新たに変わり、そして好奇心や探究心はどんどん膨らんでいくものだと知った時の喜びは、未だに私を幸せな気持ちにさせてくれる。

絵本や画集は美術館に、活字の本や漫画は二十四時間年中無休の映画館にだってなり得る。時に一冊の本が人生の分岐点になることだってある。

自分が経験したからこそ、この面白い世界を息子にも是非味わって欲しい。

「例えば……」と、アト坊が成長した姿を想像しては私の妄想は膨らんでゆく。

我が家のベランダからは海を行き交う船が毎日見える。もし船に対して興味が湧いた彼が本

棚に目をやった時、船舶図鑑や船の絵本が並んでいたらどうだろう。きっと目を輝かせて本を手に取るに違いない！

こんな風に本の世界に触れる機会を繰り返していくことで本好きの精神が自然と花開くのではなかろうか……！

だが予想通りにはいかない結果も承知だ。なぜなら自分の例がある。

私の母は英語の教師をしていたが、娘の私は生粋の英語嫌いに成長した。

自宅で開催されていた子供英会話教室にも参加していたが、毎回金切り声で「イエース！　オーイヤァー！」と叫んでふざけまくっていたので怒られた記憶しか残っていない。

今のアト坊に対して私が本好きに育っ

て欲しいと思う気持ちと同様、英語好きになって欲しいと願いながら育ててくれた母は未だに悲しげな表情を見せる。そしてここまで古本狂いになるとは想像してなかったよ、と呆れながら言ってくる。

そう、やはり子育てには想定外がつきものなのだ。

アト坊だって将来もしかしたら案外コンピュータマニアになるかもしれない。となると、正解かどうかはさておき、私がしてあげられる最上級の作業はやはり、あらゆる世界に繋がる本棚を育てていくことじゃないだろうか。強制も強要もしない、好きな時に好きなように、常に自由に開かれた、私が子供の頃に見上げたあの母の本棚のような。

原稿を書きながらベビーサークルの中で一人遊びをしている息子に視線を向ける。

空のペットボトルをしげしげと見つめたり振り回したりとかれこれ三十分は遊んでいる。我々大人から見たらただのゴミでしかないこの物体に、彼は一体何を面白いと思って注目しているのだろうか。

子供の目線や発見は無限大だ。

そんな様子を見ていると、こちらとしてはこれからアト坊の中に芽生えるであろう好奇心を満たしてあげられるような本達をジャンル問わず手当たり次第に準備してあげたくなる。

日々成長していく子供の姿を見ながら古本の炎は燃え上がっていくばかりだ。読めるのはまだ随分先だというのに、せっせと「いつかこの子も読むかも」と大義名分を振りかざしネットで面白そうな古本を先ほども数冊注文した。

そして届いた本をまるでチャンスの種を蒔くかのように本棚に差し込んでいくのである。だがその一方、唯一危惧していることもある。それは息子が物心付くまでの、本がある空間での子育てだ。先ほどまで子供に本好きになって欲しいとつらつら書いておいて矛盾した話のようだが、これは書かずにはおれない。

現在、子の行動範囲は畳二畳分程のサークルの中に限られている。だが二足歩行が当たり前になり力も強くなってきたらいよいよ囲いを撤去せねばならない。そうなった時、真っ先に心配するのは蔵書達だ。主な子育てスペースであるリビングには壁一面の本棚があり、それとは別に大きな本棚も設置している。そして積読タワーがいくつも鎮座している。勿論、脆い、汚い、貴重な本も混ざっている。

私が目を離した隙に、まだ本を本として認識していない小さき怪獣がこれらの本を手にしたら……。ゾゾゾ……。

破る、折る、齧るの御三家が降り注いだらひとたまりもない。

本棚の前にゲートを重ねて強固な要塞を作るしか防ぐ手は他にないだろう。

こうして、囲う対象を子から本へとチェンジせねばならない転換期を想像しては頭を抱えている。

蔵書家の方々の子育て体験談こそ今、一番私が気になるトピックだ。

それこそSNSにオススメで表示される機会を切に願っているのだが残念ながら未だに流れてこない。

子連れ帰省と葛藤

蟬が鳴き狂う八月某日、ようやく昼寝を始めた息子の隣で、私は手に汗を握りながらずっと携帯の画面と睨めっこしていた。

Ｇｏｏｇｌｅマップを開いてはその後に電車の乗り換え検索画面を開く。

この動作をひたすら繰り返す。頭の中のモーターは最大出力に達し、もはや知恵熱が出そうになっていた。

「やはりどう考えても無理か……。何か、何か方法はないのか」

深いため息を漏らしながら、先ほどから酷使している目を検索結果が表示された画面から離し、宙をぼんやりと眺める。

この数日〝お盆の帰省にかこつけた古本漁り〟というインポッシブル案件をどうにかクリアできないか必死に画策していたのだった。

遡ること数ヵ月前、夫がその高額さに戦慄《おのの》きながら汗ばむ指先で購入ボタンを押し、無事に盆の東京行きの航空チケットを取った六月半ば。夫の実家は茨城県なのだが、通過地点とは言え久方ぶりに東京の地に降り立つとなるとこちらも自然と気持ちが浮き足立ってきた。

「あのさ、東京でちょろっと寄り道したりはできないかなぁ……」と、すかさず軽めのジャブを打つ感じで夫の様子を伺ってみた。

勿論、寄り道＝古本屋及び古本にまつわる催事を意味する。

「は？　何言ってんの？　アト坊もいるし無理に決まってんじゃん」

やはり即答か……。いや、わかってはいた。だがしかし、いついかなる状況であっても淡い期待の花を咲かせたっていいじゃあないか。

「あのさ、今回の帰省は滅多に会えない両親に孫の顔を見せに行くのが目的なんだからね」と間髪入れずに釘を刺された。

うむ、ごもっとも。おっしゃる通り。私ももう子を持つ親という立場だ。さすがに床に寝転がり手足をジタバタさせて「チェッ！　せっかくトーキョーに行くのにさぁ！　古本屋行きたいよー！」と、おもちゃを買って欲しいが為に顔を真っ赤にして駄々をこねる子供のような真似はしなかった。地団駄を踏もうとする衝動をすんでのところでグッと堪えた。

しかし、大人の決断をしたものの、名残惜しい気持ちは消えることなく日々は流れていったのであった。

やがて、さぁ来週には帰省が迫っているというタイミングになると、ムクムクとこの諦められない気持ちが膨らんできた。

そうして私の悪あがき（携帯と睨めっこ）が始まったのである。

仮に一時間だけ自由時間があるとすれば上野駅（ここから茨城行きの常磐線に乗るので）を起点にどこの古本屋に行くことができるのか。

だが、いざ調べれば調べるほど頭の中の糸がこんがらがるような状態に陥った。

なんせ各所に点在している古本屋と現地の位置関係が全く理解できていない上に、地方とは比べ物にならない電車の路線の多さときた。子供を連れて限られた短時間で見知らぬ土地を移動する難しさを携帯画面越しに痛感したのであった。

夫の故郷へは、福岡の我が家を朝四時半に出発した場合、最短でも到着するのは昼の一時だ。飛行機に乗り、電車に長時間揺られた後に別の電車に乗り換え、最寄り駅からは車で迎えに来てもらわねばならない。

山と川に囲まれた広大な田園風景広がる、絵に描いたような美しくのどかな田舎に夫の実家はある。勿論、自販機も半径一キロ以内にない。コンビニもスーパーも車なしでは行けない。

高校時代、夫は自転車を最寄り駅と乗り換え駅にそれぞれ配置し、それら二台を駆使して通学していたそうだ。自宅から歩いて数分のバス停から一時間とかからず通学生活を送っていた自分からすると大変アンビリーバブルな事実だった。

では茨城滞在中、実家を起点にして古本に触れる機会は作れぬものだろうか、と発想を切り替えてみた。

そんなことを考えていた矢先に、お盆期間中に栃木は宇都宮の百貨店で大きな古本即売会が催されるという情報が目に飛び込んできた。

試しに携帯の地図で会場の住所を入力し場所を確認する。

表示された地点は夫の実家の場所から山を挟んだ位置に示されており、携帯の小さな画面越しに見た平面地図だと双方の距離はかなり近いように感じられた。

茨城県と栃木県の位置関係もぼんやりとしかわかっていなかった自分にとって、それは思いがけないチャンスのように映った。

「これは、もしやイケるかも……!?」

喉をゴクリと鳴らしながら、夫の実家のマーク地点と宇都宮の即売会場までの移動経路をすぐさま検索した。

公共交通機関で二時間半
車で高速を利用して一時間半
　徒歩十六時間

検索結果が出た瞬間、ものの数秒で私の喜悦は儚く散った。

ここに至り、やっと茨城が所持する広大な土地の恐ろしさを知ったのであった。車や電車利用でせいぜい三十分くらいかなと想像していたがとんでもなかった。私は完全に茨城を甘くみていた。

おまけに交通費も片道三千円はくだらない。なんてこった。

「この山が！　この山を切り開いた交通の便があれば一瞬で栃木なのに！　この山が邪魔なんだよぉ！　大回りするルートしかないじゃん！」

悲しみのぶつけどころが地形にまで及んだ。

これで完全に万策は尽きた。だが、一応想像だけはしてみた。

「お義父さん、あのぉ～、古本漁りに行きたいんで車出してもらっていいですかぁ～？」もしくは「お義母さん、ちょっと古本買いに行くんで半日ほど子供の面倒見てもらっていいですかぁ？」

……いやいやいや、久しぶりに会う義理の両親にこんな図々しい頼みごとをする嫁なんてこの世の中のどこにいる⁉　ないないないない！

シミュレーションしながら自分で自分にツッコミを入れてしまった。

ちなみに夫の両親はとても優しい。私が古本狂いであることも勿論ご存知なのだが、あえて話題に出さず胸の引き出しにそっと仕舞ってくれている。芋が好きな私の為に、美味しい干し芋をいつも大量に段ボールに入れて送ってくださる。

そんな大切な二人にこんなトンチキなお願いはできない……！

ましてや私だけ抜け出して外出するなんてとんでもない。

もう……諦めよう。

お盆は古本欲を断ち切り、お義父さんお義母さんとアト坊の楽しい思い出作りに全力投球するんや！　そうしよう！


やがて帰省当日を迎えた。

子供を連れての長距離移動は年末以来なので、前日はなんと緊張のあまり一睡もできなかった。なんせ子連れの長距離移動は様々な関門をクリアせねばならない。一歳も過ぎるとできることがグンと多くなって自我も芽生え、おまけにじっとしてはいられない。行きの飛行機の中で、電車の中で、阿鼻叫喚の図になる可能性は十分にあり得る！

そんな最悪の事態を想定しながら臨んだが、幸いなことにそれらの不安は杞憂に終わった（心配する母をよそにずっとニコニコとお利口に過ごしてくれていたアト坊であった。さすが我が息子！）。

さて心に余裕が生まれると蓋を閉じていた古本欲もひょっこり顔を出し始めてきた。

山手線に揺られながら眺める車窓の外の風景。慌ただしく行き交う大勢の人々の姿や、コンクリート帝国と言わんばかりの高層ビル群が目の前を通り過ぎて行く。「あぁ、今自分は東京にいるんだ。古本魔都に足を踏み入れているのだ……」と感慨に耽った。

乗り換えの上野駅から茨城行きの電車を待っている間、ホームから夏の青空を見上げる。

大都会の片隅で静かに次の持ち主を待つ古本達が私を誘い呼ぶ声が聞こえてくる……ような気がして、唇をキュッと嚙み締めた。

そして奇しくもこの日は高円寺の西部古書会館で雑本市が開催されている日だった。まさに今の私はお預けを食らった犬のような心境だった。

だが、同時に仕方がないと納得する気持ちもあった。

二足歩行がまだ若葉マークの重さ十キロを超す子供を抱っこしての移動、それもお盆の人出が多い雑踏の中。

そんな状況下でいくつもの電車の乗り換えをこなして古本を漁りに赴くのは精神的にも肉体的にもさすがに無理がある。そして何より、この暑さの中大人の都合に付き合わされる我が子も不憫だ。

そう、現実には情熱だけではどうすることもできぬこともままあるのだ。こうして私は東京の空の下でやっと冷静になれたのだった。

やがて温風を吹き上げながら茨城行きの特急列車がやってきた。

「さらば……！」心の中で東京に存在する古本達に別れを告げ、大きく一歩を踏み出し車内に乗り込む。

冷房が利いた座席にやっと落ち着くと、アト坊もどこかホッとしたような表情に。

冷たいお茶を飲ませながら「うん、今回は無理をしなくて良かった。これで正解だったんだ」と素直に感じていた。

そんな私の心情を察した夫がポツリと言葉をかけてくれた。

「いつかまたね。楽しみは逃げないよ」

こうして気持ちが新たになった私は、夏休みの子供のようにワクワクしながら夫の両親が待つ家へと向かったのであった。

〃お客〃考現学

一週間の昼飯を日の丸弁当で過ごし、削った食費とアルバイト代を使って好きなブランドの数万円する洋服を購入する。

これは大学時代の夫の体験談である。

数千円のブラウスを手に取りレジに向かおうと数歩進んだところで「いやいや、節約しなくちゃ。やっぱり我慢しよう」と回れ右して商品を戻して店を出た後、古本にあっさり大散財してしまった。

これは私のつい最近の体験談だ。

ストイックな精神のもと倹約に努め好きな物を手に入れる夫と、時に理性と本能を使い分け衝動的に好きな物を手に入れる私。それらの消費行動は一見異なった空気を醸しているようだが、〃手に入れた時に噛み締める計り知れない喜びや幸福度〃は共通しているに違いない。

先日、地元のとあるブックイベントに出店者として参加した。

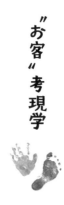

メインである京都の書店さんの出張販売コーナーでは、机に所狭しと並べ積み上げられた沢山の新刊達が眩しい光を放っていた。

どれも地元の新刊書店には置いていない珍しく面白そうな本達ばかりで、刺激的な本に飢えている地方の本好きにはたまらない展開になっていた。

やがて来場者の一人一人がゆっくりと、そしてじっくりと自分の琴線に触れる一冊を手に取り選んでいく。若い男女が本を何冊も抱えて棚を真剣に眺めている姿がとりわけ印象的だった。普段の生活ではなかなか目にすることがない、目の前の静かな熱気に包まれたその美しい風景に私は感動していた。本と人との濃密な時間が流れていた。

「これも欲しいけど……全部買ったらすごい金額になっちゃう……でも今日買わないと後悔しそう……」

イベント当日に知り合った女性Aさんが新刊本が並ぶ平台の目の前で身悶えていた。その手には既に三冊の本が収まっていた。

わかる、激しく共感。

かくいう私もこの日イベントで得た売上金を綺麗さっぱり全て新刊に溶かしてしまっていた
(むしろマイナスになっていた)。

大量の古本を売ったお金で新刊を買う。

錬金術の実演ショーを一人華麗に繰り広げたのであった。

頷く私を前にAさんは続ける。

「この本もあの本も欲しいけど……あぁ明日からモヤシしか食べれなくなっちゃう……」

そうなのだ。

綺麗事を抜きに正直に吐き出してしまうが、やはり本は高い。

内容を考えたら安いもの、一冊の本が生まれるまでの過程を考えれば納得のいく金額だとは頭の中で理解していても、日々の生活を引き合いに出して金額の重さを対峙させる理性は誰しもが持っているだろう。

新刊の単行本を三冊買った時点で五千円は軽く飛んでいってしまう。写真集や装丁が凝ったものになると一冊三千円を超えてしまうものもザラにある。文庫本も然り。

物価も上がり生活が決して楽にはならないこのご時世、好きな本をパッと何冊も買えない歯痒さを感じざるを得ない暮らしにくい世の中になった。だが、本好きにとって本は嗜好品ではなく必需品だ。

よって書籍代を削ることは喉の渇きを潤す水が手に入らなくなるのと同様、かなりのストレスになる。

それにしても、魅力的な本を手にした瞬間の興奮や自分の物になった時の喜びは例えようがない。好きな本が手に入った瞬間に押し寄せる贅沢で上質な気持ち。だから無理をしてでも買ってしまうのだ。たとえ明日食べるご飯がなくてもこの本があれば幸せバラ色ハッピーだから大丈夫……そんな刹那的に生きる衝動を後押ししてくれる不思議な存在、それが我々本好きにとっての本。

財布に入ったお金を全部使ってしまっても後悔が残らないのが本の良いところだ。本は形として残るし（嵩張ってはしまうが）読むことで得る世界や発見は膨大だし、何より、好きな時に何度だって手に取り繰り返し読むこともできる（読む時間がなくて積読のままになることも多々だが）。

言うなれば金の延べ棒よりも価値のある財産なのだ。少なくとも自分にとっては。

そんな話を肩を並べお互い語り合いながら結局、ジレンマに揺さぶられていたAさんはしばらくすると「……よし！」と気合を入れ、四千円近くする写真集も新たに加えて数冊の本達を帳場に差し出していた。

大枚をはたいて欲しかった本達を手に入れた後のAさんの高揚感と爽快感がみなぎる顔は、自分が本屋のコマーシャル監督だったら絶対に使いたいと思わせる極上の表情だった（その顔を見て、私も相乗効果でまた本が欲しくなってきた）。

Aさんはじめ、この日それぞれ本を買っていくお客さんの顔はどの人も同じような表情で、

「幸せを味わう人達」というタイトルで写真集を作りたいくらい皆々物欲と仲良く手を取り合っている様子が何とも楽しげだった。

そして、買った本が入ったビニール袋を持つ各自の手からは生命力が溢れ出しているのであった。


さて、その日の晩はトークイベントが開催され（「ローカルにスポットを当てた本商いについて」がテーマ）、それがまた思わず握り拳で前のめりになってしまうほどに始終面白い話が耳に飛び込んできた。

書店という商売の特徴、ＳＮＳが主流となった現代の商いの姿、消費者の意識変化など、新鮮な話題ばかり。

例えば、三千円の本を一冊売るのと三千円のトートバックを売るのとではどちらの方が利益に早く繋がるかなど（後者の方が消費者の財布の紐が緩くなる傾向にある）、物に対する人々の価値換算の仕方の話には「ふぅむ」と考えさせられてしまった。

なかでも〝プロ客〟という新たに知ったフレーズがとても印象に残った。

トークの中では「常にアンテナを張り嗅覚を研ぎ澄ませ、常に色んな場所（店）に単独で出向き楽しんでいる人物」のことを指していたのだが、なんともカッコイイ名称ではないか。

プロ客！　プロ客！　プロ客！　何度も口ずさみたくなる良い響き……。

話は変わるが、以前、東京都古書組合が発行する『古書月報』の連載で〝古本屋（本屋）にとって良いお客とは？〟というテーマで書いたことがある。

その中で私は「本を一冊でも買う人が良いお客」と至極真っ当な考えを熱っぽく綴った。要は、店に利益をもたらしてくれる人がそれに該当する、と。

店主に一方的に話すだけ話して満足して手ぶらで帰る人、店内の写真撮影だけして本も見ずに出ていく人、本の扱い含めマナーが悪い人……。

驚くなかれ、店を訪れる人間模様は常識ある人から不可思議な人まで実に様々なのだ。特に昨今ではSNSでの情報拡散もあり、時に「えぇぇ!?」と驚くような珍奇な行動を取るお客さんの存在を知ることもある。

又、新旧問わず古本屋さんが書いたエッセーや古本屋店主が発信するSNSにも必ずと言っていいほどお客とのやりとりが描かれていて、「こんなお客さんがいるんだなぁ」とそれがまた大変面白い。

常連、一見、玄人、素人、冷やかし……。

一口にお客と言っても色んな種類に分けられるのも興味深い。

好奇心が騒ぎ、後日〝あなたの考えるプロ客とは〟と身近にいる他者に聞いてみた。

夫から返ってきたコメントは「一つの店に長年通い続けるお客。筋金入りの常連」――。知り合いの男子学生に尋ねると「普通の人より沢山買う人じゃないっすか、やっぱり。プロだから勢いが凄そう」とのこと。

なるほど、人によってイメージは様々だ。

自分はというと言葉を聞いて真っ先に思い浮かんだのが「何にも縛られず好きな世界に取り憑かれている自分自身を楽しんでいるお客」だった。勿論最低限のマナーやルールを厳守する人であることも必須条件だ。だってプロだから。

本に関して言えば「未知なる一冊の本との出会いの喜びを噛み締められる人」がまさにピッタリなように思えた。

訪れた店で、あるいは場所で、その空間の魅力を味わっている瞬間、そして好きな本を探し当てたその瞬間、普段ベールに包まれている〝プロ客〟の顔が露わになるのである。

そう、なんと素敵なことにプロ客には誰でもなれるのだ！

そして楽しむ喜びを知っている「プロ客」が、大なり小なり利益をもたらす「良い客」になると「ハイパー客」に！

私、足腰が立たなくなるまでハイパー客を極めたい……！

こうして人生の目標がまた新たに一つ打ち立てられたのであった。

近所でも有名な古本好きハイパーご隠居さんとしてルンルンしながら古本を買いに出向く理想の自分像を想像して、ニヤニヤ。

親孝行したい時に古本あり

先日、母を連れて関西に行ってきた。秋は人を旅に誘う気配が充満している。母にとって旅行はコロナ禍になって以来なのでかなり久々のイベントで、おまけに二人で泊まりがけの旅に行くのはもうかれこれ十数年ぶりだ。

日頃の感謝を込めた母へのプレゼント旅行でもあったので、夫は母と娘の水入らずの時間を満喫させるための留守番役としてアト坊の子守りを快諾してくれた。

旅情感を濃厚に味わうべく行きがけは敢えて夜行フェリーを利用することにした。ウキウキが隠せない母と共に勇み足で船内に乗り込んだ。

出航と同時に船内の入浴施設でひとっ風呂浴びる。

「小さくなったねオッカサン……」とふざけながら母の背中を流した。

親の背中（それも裸）をまじまじと見る機会って大人になったらなかなかないよなぁとぼんやり思いつつ、目の前の母の小さな背中に浮き出る背骨を眺めながら「あぁお互い歳を取ったんだねえ」としんみりしたのだった。

湯上がりにラウンジのソファでくつろぎながら、コンビニで買い込んだ酒やツマミを広げてプチ宴会を楽しむ。キャッキャ言いながら飲み食いしたのち、酔い覚ましに熱いコーヒー片手に甲板に出て潮風に当たった。

六十三歳と三十三歳のはしゃぐ〝乙女達〟を乗せた船は深夜の海をグングン進む。

「良い旅にしようね」

煌々と浮かぶお月様を見上げながら紙コップで乾杯したのだった。

そうして翌朝、寝不足&食べ過ぎでパンパンに顔が浮腫んだ妖怪親子ができ上がっていた。


降船後、電車を乗り継ぎ宿泊先のホテルに荷物を預け身軽になった時点でようやく二人とも頭のエンジンがかかり始めた。

見上げると雲ひとつない青空が広がっていた。

「あぁ、最高の古本日和だ……！」心の中で思い切り叫んだ。

そう、この日大阪天満宮で古本祭りが開催されている情報を私は見逃してはいなかった。今回の親子旅に便乗して立ち寄る気満々だった。

「さぁどこ行くどこ行く？」とスキップもどきの歩調で前を進む母の背中を見つめながら「親孝行も大事やが……古本も大事なんや！　母よ、許せ！」と拳を握りしめた。

「ほ、ほな、大阪人の気分を味わえる場所行こか〜！」エセ関西弁で誘導し何も知らぬ母を連れて目的地へと向かった。

やがて風にはためく古本祭りの幟旗を発見したと同時に、母の表情はみるみる呆れた表情に変化したのだった。

「まさかアンタ……」

ここまできて古本か⁉　と続く言葉を遮るように「せっかくだし！　ちょっとだけ！　私が古本見てる間、商店街歩いたり周辺探検してたら？」ともっともな表情で母を促した。

大阪天満宮の真横には日本一長いと言われる天神橋筋商店街が通っており、そこには人情味溢れるお店が軒を連ねている。まさに大阪ならではの風景だ。

束の間、母に時間を潰させるには丁度良い場所だと想定していたのだった。

天満宮境内には古本、古本、古本がてんこ盛り。そしてそれらを貪るようにチェックし吟味する大勢の古本人の姿があった。天国のような風景だ。

ひゃー！　こりゃ一日おっても時間が足りんぞ！

喜びの雄叫びを上げながら古本の渦にダイブしたのであった。

だが、場内の三分の一も見終えてない内に母が私の背後に近づいてきた。

気配を察知し振り向くと、何とも不満げな表情が目の前に立っていた。超ミーハーな観光地が好きな母にはこの近辺は物足りなかったようだ。

「もう三十分以上は経ったよ。早く行こうよ」

「グゥッ……」

今やっと調子が出てきたところなのに！　まだまだ見たいよこっちは！

思い切って別行動できまいかと提案してみることにした。

母は私が関西で学生時代を過ごしていた頃もちょくちょく一人で遊びに来ていたので、流石にある程度土地勘は残っているだろうという判断もあった。

「あのさ、電車の乗り継ぎとかってわかる？　一人で大阪城とか道頓堀とか……すぐそこの駅から簡単に行けるよ……？」

「わからん……何もわからん……」

「携帯にさ、電車の乗り換えアプリ入ってるじゃん？」

「操作の仕方がわからん……」

色々教えようとしてもわからないの一点張りで、この時ばかりは親の老いを日の当たりにしてしまった。同時に自分がいないと何もできない精神状態にある母に対して、小さな苛立ちも芽生えたのであった。昔はシャキシャキ何でも自分がスケジュールを仕切らないと気が済まなかった母が、まるで今は小さな子供のように映った。

しばらく諦めがつかない私の表情を見て察したのか、

「……もういいよ、私は一人でブラブラ歩いて観光して回るから。自力でどうにかするよ」

そう切なげに言い放つ母の顔を見て、ハッとようやく冷静になった。

本来の旅のテーマは親孝行だったはずなのがいつの間にか、と言うか初っ端から古本漁りにすり替わっているではないか！　危ない危ない。

古本を前にすると肉親への情すらも消え失せてしまうのが本当に我ながら恐ろしい。

親孝行、それはつまり母が楽しく旅を満喫できるように最高の引率役を全うすること、よって己の欲求は二の次にすべし！

「アンタ、古本自由に見て回りたいんやろ。こんな老いぼれがいるせいで……すまんねぇ」

「なぁーに言ってんの！　ごめんごめん。さぁ、次行こうか！」笑顔を作った。

母の背中をポンポンと叩きながら何度も後ろを振り向いて会場を出たのであった。〝大人になる〟とはこういうことなのかもしれない……。

その後お昼に美味しい鰻重を食べている時も、煌びやかな高層ビルから大阪の街を一望している時も、お洒落なカフェでお茶をしている時も、私の頭の中から古本祭りの風景が片時も離れることはなかった。

翌日は朝から奈良を散策した後に京都へと向かった。

旅も終盤に差し掛かり、昨日から蓋を閉めたままだった古本欲がここから出してくれと言わんばかりに私の胸の扉をドンドンと叩いていた。やはり折角の機会、諦められない気持ちがあった。

京都古書会館で即売会が開催されている情報は既にチェック済みだった。

会場は京都御苑のすぐ側だったこともあり、京都らしい所に行きたい母には打ってつけの観光名所だし、迷うこともなかろうと思った私は早速短時間の別行動を提案した。

念の為、地図アプリを携帯に入れてあげることにした。不安げな母にしつこいくらい使い方を念入りに教えた（ただ画面を開いて今自分の現在地がどこであるのかを丸印で確認するという至極簡単な操作なのだが……）。

母と別れて一人意気揚々と歩き出しながらも、やはり胸はチクッチクリ。

現代版〝姥捨山〟を実演してしまったかのような気分になっていたのだった。

古書会館に足を踏み入れた瞬間も母の寂しげな表情だけは忘れないように努めた。あの顔は今この場に身を置く私の理性でもある。さぁ限られた時間で古本を漁るぞ！　気合いを入れて会場を練り歩いた。

誰かを待たしているという状況下の古本漁りほど心穏やかではない作業は、恐らく他にはないだろう。だが、豊かな古本文化が根付く関西という土地でこうして漁書作業に勤しめるのは何物にも代え難い楽しさがあった。

一時間半の古本浴を堪能したのち、送られてきた現在地の写真を見ながら小走りで向かう。げっそりした表情の母が立っていた。

「どうだった？　楽しかった？」

「……ずっと砂利道を歩いてたよ。自転車に乗ってる人達がほとんどで、ぐんぐん追い抜かされたよ」

この返答を聞いて、初めて私は自分の痛恨のミスに気づいたのだった。

京都御苑が母にとって時間を潰すには厳しい場所であったことに。

そこがどんな場所なのかもよく把握していなかったのだ。

「そんで道の途中で外に出て鴨川までテクテク歩いて……ずっと川を眺めていたよ。疲れちゃった」

「ッ……！」押し寄せる怒濤の罪悪感。

戦利品の古本が入ったビニール袋を握る自分の手に汗がブワッと滲むのがわかった。

その後、お腹を空かした母を慌てて美味しいと評判の老舗洋食屋に連れて行き、冷えた瓶ビー

ルと熱々のグリル定食で何とか楽しく旅の締めくくりを迎えるに至ったのだった。

穏やかな空気が流れる帰りの新幹線の車中、今回の旅で撮影した写真をお互い見せ合いっこをした。反省点は多くも楽しかった旅を振り返った。

母が撮影した膨大な数の写真の中に、とても好きな一枚があった。

初日の古本祭りの風景だ。沢山の人々が本を探している後ろ姿。

そして、脇の方には今からまさに古本狩りをせんと意気込む私が写りこんでいた。

ナルシストと言われればそれまでだが、私は自分を客観的に見るのも好きだ。

母が撮った写真に写る私は、子を持つ母の顔でもなく母を待たせる娘の顔でもなく〝好奇心に取り憑かれた人間の顔〟をしていた。

あぁ、自分いつもこんな顔で古本見てるのかぁ……ふふっ……。

何だか急に可笑しさが込み上げてきた。

ふと隣に目をやると、一緒に携帯画面を覗き込んでいた母も同じようにニヤニヤ笑っていたのであった。

赤ちゃんとのお出掛けは波瀾万丈

先日、ブックオフで赤ちゃん連れのお母さんを見かけた。

抱っこ紐の中には生後四ヵ月〜五ヵ月くらいだろうか、今にも泣き出しそうな不機嫌な表情の赤ちゃんがモゾモゾと手足を動かしている。

その日私は息子を夫に預けて街で用事を済ませた帰り。普段目が離せぬ我が子との別行動で久方ぶりに味わう精神的な解放感。両手の自由度百%という最強コンディション。この絶好の機会、もう古本を漁らぬのは大馬鹿モンでしょう！　と意気揚々とこの場所に訪れていたのだった。

おぉ！　同志がいる……！

最近では古本屋にも古書店にも女性客は大勢見掛けられるし、女性が古本屋店主であることも珍しくはなくなった。

だが、古本屋に乳幼児を連れた母親客を見かけることはほとんどない。

地方だけに限られたケースで都会に行けば案外多いのかもしれないが、少なくとも私にとってはこの日が初めての目撃だった。

いつ着火するかわからない時限爆弾のようなデリケートな生き物を抱えてわざわざ古本屋に立ち寄る母親は、よっぽど探している本があるのか、もしくはよく眠る赤ちゃん連れの場合か、私のような古本狂いでなければなかなかいないだろう。

やがてぐずり始めた赤ちゃんの背中をポンポンと優しく叩きあやしながら、それでも諦めずに棚を凝視している必死なお母さんにすっかり自分の姿を重ねてしまった。休日とあって店内はそこそこの混雑具合。同じ通路で本を吟味する男性客達の視線が親子に注がれる。それと同時に気が気でない彼女の焦りがこちらにまでヒシヒシと伝わってきた。

こういう時、周囲があえて何も反応しないのが本人にとって一番気が楽なのだ。

「大丈夫！　ここにいる全員も赤ん坊の頃泣きまくってたんだから！　どうか貴女の古本時間が実りあるものになりますように！」心の声でエールを送り自分は黙々と漁書作業を楽しんだのだった。


私も子供が産まれてからしばらくはネットで古本を買う便利さや楽しさを満喫していた。というかそうせざるを得ない状況だったのだが、やはり圧倒的な物足りなさを感じていた。実際にこの目で背表紙をなぞっていくワクワクした感覚はネット通販では味わい難い。

ブックオフはコンビニエンスストア的な気楽さがあるので手軽に古本感覚を研ぎ澄ますにはもってこいの場所だ。子供が生後半年を過ぎた当たりから子連れ外出に慣れ始めた事もあり、古本浴という気分転換をする為に結構な頻度で訪れていた。買えるものがなくても、ただ沢山の本を眺めるだけで幸せだった。

とは言え、それも簡単ではなかった。

〝朝起きて支度をして電車に乗って古本屋に行って帰ってきた〟

子供が生まれる前はこの一行の説明で済んでいた一連の流れが、乳幼児が加わると原稿用紙十枚分ほどの字数が必要となる濃厚な事態になるのである。

早朝起きて我が子のオムツを替え、朝食を作り食べさせ、床に盛大に散らばった食べこぼしを拾い上げ、自分は立ちながら飯を口に掻き込み、服を着替えさせ、家事を猛ダッシュで済ませ、出掛ける支度を万全に整え、再びオムツを替えて、抱っこ紐を装着し、駅まで子供をあやしながら歩いて……。

おまけに古本屋に着くまで大人しくご機嫌だった子供が、店に入るや否や「ぶぅぇぁー!」とこの世の終わりのような雄叫びをあげ不機嫌を撒き散らすケースも多い(これがまたすっごく多い。なぜに?)。

そんな時は「なんでやねん……」と白目で天井の蛍光灯を見上げ、絶望感とやるせなさに包まれながら退店せざるを得ない。古本に向かって走り出していた私の熱いハートはゴールのテープを切れぬまま暗闇の中を彷徨う羽目に。

反対に、子が道中寝てくれて心穏やかに店内に足を踏み入れた瞬間には竜宮城に招かれた浦島太郎のように幸福の目眩でクラクラするのだった。

ここまで書いてお分かりいただけたと思うが、膨大な体力と精神的労力を使って遂行しても無事に古本漁りにありつけるかはお子様次第、つまり毎回ロシアンルーレットなのである。

「今日は……イケそうか？　ん？　どうよ坊ちゃん」と我が子の顔を覗き込む。まだ穢れなき瞳に反射して映るのは欲にまみれた母の顔。

そうして馬券を買うような気持ちで目的地までの切符を買い、世のギャンブラーの気持ちを束の間味わうのである。

ベビーカーや抱っこ紐がメインの〇歳児時代は四苦八苦しながらもなんとか古本浴を楽しんでいたが、ここ最近はブックオフすらも随分ご無沙汰になりまたもやネット通販の古本ライフに回帰している。

二足歩行を会得した一歳児の行動力とパワーは私の予想を遥かに超えたとんでもなさだった。

泣いて己の欲求を訴えるのみだった生き物が、いよいよ自我が芽生え全身を目一杯使っての感情表現をするようになったのだ。走りたい触りたい舐めたい疲れた嬉しい悲しいのありとあらゆる欲望を三頭身の小さな体をフルに使って披露するのである。外出の際は道端で自分の解けた靴の紐すらも結ぶ猶予も与えられぬほど見守り体制を強化せねばならない状況になった。これではもう古本漁りどころではない。

古本屋に、子供が自由に遊べるキッズスペースがあったらなぁ、オムツ替えシートが付いたトイレが店内にあればいいな、スーパーやベビー用品店が隣にあれば買い物ついでに気楽に寄ってみることもできるのにな……なんてマイノリティの要望は挙げ出したらキリがない。同時にそんな子連れの理想郷のような古本屋が今自分が住んでいる地域にできる可能性もゼロだ。自分が目の前の課題に工夫して対応するしかない現状。私はしばしの間我慢するという選択肢を選んだ。

『キャスト・アウェイ』というアメリカ映画で、無人島生活を終えた主人公（トム・ハンクス）が帰還を祝うパーティー会場に佇み、そこでおもむろにテーブルに置かれていた点火棒を手に取りカチカチと付いたり消えたりする火をぼんやりと見つめるシーンがある。なんとも言えない複雑な表情で、その様子見たさに私は何度もこの映画を観てしまう。

欲しいものが手軽に手に入ることの味気なさを考えながら、この古本漁り我慢時期を経てから今後味わうであろう古本体験は〝灼熱の太陽の下ギリギリまで我慢してから飲んだキンキンに冷えた生ビールの美味しさ〟にきっと近いぜ、と自分に言い聞かせている。

最近、一歳半になる子供が私の行動をよく真似るようになった。

音が鳴るプラスチック製のおもちゃの調子が悪いのでバンバン！　と映りの悪いテレビを直すのと同じ塩梅で私が手のひらで叩いて直したのを見て、己も目を輝かせてそのおもちゃを同じように叩く。

幼子の観察眼というのもすごいもので、見たものをたちまち吸収してしまう。

私がクシャッと顔を歪ませて変な顔をすると目の前の子供も同じように顔をクシャッとさせる。ぬいぐるみを抱きしめて見せると棚からぬいぐるみを取り出しギューと頬擦りをする。

〝真似る〟は数ある成長過程の中でも学ぶ行為として特に重要らしい。

これを古本趣味に繋がるようどうにか生かせぬものか……とすぐ安直に結びつけるのが私の悪い点なのだが、最近少しだけわかったことがある。

ささやかな出来事を積み重ねていく日々の中で、楽しそうに趣味を謳歌している私の姿を見せ続けることがまさに大切ということ。口当たりの良い言葉でまとめたようだがこれはまさに真理だ。

子供の背中に私の価値観や意志を無理に背負わせることなくできるナチュラルな古本教育の根っこに気づけたのが最近のトピックスだ。

ブックオフで奮闘する母親の姿を見かけた日の帰り道、私は以前見かけた親子のことも思い出していた。

屋外で開催されていた古本市での光景だ。

八十歳は優に超えているであろう腰の曲がった白髪のお婆さんが一生懸命均一コーナーで本の背表紙を目で追っていた。それはもう食い入るように見つめていて、私は漁書しつつもその姿をチラチラと近くで観察せずにはいられなかった。

しばらくすると五十代くらいの男性がお婆さんの側に近寄ってきた。

「母さん、それにする？　ホラ貸して」

息子らしき男性は彼女が手にしていた

本達を手に取り素早く会計所に向かっていった。

「じゃあ行こうか。喉乾いたろ。どこかでお茶しよう」

戻ってきた彼の手には母親が選んだ本と自分の買った本のビニール袋がそれぞれ提げられていた。促されるままゆっくりゆっくり歩き始める母親。その隣を歩調を合わせながら進む息子。それは優しく、愛おしい風景だった。

「いつか」という言葉には実現しない脆さが含まれているが、同時に未知数の可能性も秘められている。

「いつかあんなふうに親子で古本漁りをできたら最高だな」とポツリと呟きながら子供が待つ家路へと急いだのだった。

古本女の
子連れ古本者あるある(?)劇場
今日も今日とて……
0歳児編
ある日の昼―
はーい完食! ごちそうさまでした～
チラッ
あう～
12時か…今日はウンチもOKだし ご飯もしっかり食べたし アト坊絶好調だから… 電車で隣町の古本屋まで行ってこれるかも…
電車が13時発… ダッシュで食器洗って ダッシュで着替えて アト坊着替えさせて オムツ替えて ダッシュで用意したら いける…!! 次のミルクの時間まで余裕あるし!! 駅まで歩いて20分かかるから 今から急いで準備しまっと!! よっしゃー! 久々に古本屋いくどー!!
ダダダ
そして出発20分前…
よし!! 準備OK!! アト坊!! 今日は電車乗るよー♡ レッツゴー!!
!?
ぷ～ん
ごっ… この臭いは… まさか…
オムツさっき替えたばっかなのに…
アト坊、出発間際に
田舎なので電車の本数が超少ない…←
もう13時発間に合わない… 次が14時発か… だめだ… ミルクと昼寝の時間もあるし バタバタするし… あーあ… 今日もあきらめるかぁ… ハァ～…
しくしく
せっかく準備したのに～ なんで～ アト坊～ 今日も古本屋行けなかった…
こうして今日も近所の いつもの散歩コースを 歩くだけになったのだった

古本女の
子連れ古本者あるある(?)劇場
ゆりかごスタイル….
0歳児編
買取します。
ユラユラ
ユラユラ
ユラユラ
ユラユラ
ゆら～り
ゆら～り
すいません、これお願いします(小声)
ふら～り
ふら～り
ハイ、どうもありがとうございます
アト坊が産まれてから、体をゆらしながら古本を眺める癖がついた。

古本乙女の
子連れ古本者あるある(?)劇場
0歳児編
あんまりだ……
ある日、ブッコフにて
あっ…通路せまい…
しかも向こうから人来てる…ヤバッ…
ベビーカーバックさせなくっちゃ…
チッ
ドンッ
あっ、すみませ…
少しはよけてくれてもいいのにー
ボソッ…
こんなところにガキ連れてくんじゃねーよ
!
子連れは古本見たらアカンのかいっ?!
ピキーン
つーか思いっきりぶつかってきやがったあのオッサン。
古本のある空間で初めて悲しい気持ちを味わってしまった…

古本女の
子連れ古本屋あるある(?)劇場
0歳児編
ドライブ、古本、カー…
子育て雑誌
エッグくらぶ
読者のコーナー
◆木村さん一家（東京都）
"キャンピングカーで子供の思い出に残る旅"
キャンピングカーの中で自由にくつろぐ木村さんファミリー▲
ぽわわ〜ん
キャンピングカーかぁ…
ぶぉーーん
アト坊小学生
よっしゃー!! 次は○○県の古本屋全部制覇するぜー!!
母ちゃんもう家に帰りたいよー
アト坊
まだまだー!! あと3泊はするぜー!!
うわーん
ガサガサ
ガサ
各地方の古本屋で買った古本の山
フッ…車の中が古本でパンパンになるまで走り続ける旅…最高やのぅ…
アト坊が小学生くらいになったらやりたいな… キャンピングカーレンタルして…うふふ…
いてっ…
アト坊、かまないで… イタいってば…
ガシガシ
ガシガシ
いていていててて

古本乙女の
子連れ古本者あるある(?)修羅場
リメンバー古本サバイバル……
0歳児編
大雨の中、アト坊(10kg)を抱っこしてスーパーへ行った帰り道…
※スーパーから自宅まで歩いて20分弱
ピキャー
ハァハァ
ぷるぷる
アト坊ラ〜 あばれないでェ〜 もうすぐおうちに着くから辛抱してなー
スーパー
ハァ…ハァ…やばい… 暑い…めっちゃしんどい… 荷物もアト坊も重くて体がフラフラ
肩の肉がひきちぎれる…
アト坊がぬれないように角度保って傘持ってるから腕が…つりそうや アカン…もう限界や…
道中、何度もへこたれそうになったー…
いや…思い出せ… お前はもっとすさまじい苦境を乗り越えてきたであろう…
ヒィィィー
雨がしみる〜
びしゃびしゃ
し、死ぬ…
見知らぬ街を大大大量の古本をかかえてさまよったり… 肩の肉の皮がはがれたり…
大豪雨の時、買った古本の入った紙袋を服の中にしまってダッシュしたり…
キッ
それに比べたらなんのなんのぉー!!
ゼェゼェ
あたしはっ…まだっ…イケる!!
過去の体験を思い出しながら自分を鼓舞しまくって何とか無事に帰宅した。

過去と未来のあいだで

冬の訪《おとな》いと幸せの輪郭

寒い。今年の冬も心の準備ができていない状態で突然やってきた。

春夏秋冬が毎年規則正しくやってくるのはわかってはいるのに、毎度冬の訪れだけは慣れることはない。そして両手を広げてこの季節を迎え入れることも私はなかなかできない。

寒さに尻を叩かれるようにウールのセーターやマフラーを慌てて引っ張り出す。

冷たい空気のせいで疲れたり落ち込んだり、一年が着々と終わりに近づいているという現実と共に流れた時間の重みを嫌でも認識させられ不意に焦燥感に駆られたりと、感情が忙しくなるのもまた冬ならではの現象だろう。

だが、冬は幸せの輪郭を捉える感覚が研ぎ澄まされる季節でもある。

寒空の下で頬張る熱々の肉まん、荒涼とした海が広がる風景を車窓から眺めながら移動中に飲む缶コーヒー、公園のベンチで座って飲む紙コップに入ったホットココア、それらの美味しさはどの季節をおいても冬が一番際立つ。

幸福を味覚に例えるなら、何かと比較して得る幸福よりも自分の五感で見出した幸福の方がやはり圧倒的に濃厚で美味しい。

冬はささやかな幸福を美味しく噛み締めることが出来る絶好のシーズンなのだ。

例えば、喫茶店で珈琲を飲みながら買った本を袋から取り出し眺める瞬間に訪れる幸福な気持ちは、きっと世の多くの愛書家が知っているであろう美味しさだ。

これが寒さが身に染みる冬の時期での場面ともなると、その風味はさらに格別なものとなる。寒風吹き荒ぶ道を歩く一人一人にもそれぞれの幸福の場面がある。そんなふうに考えると冬の街の景色もなんだか楽しく映る。

試しに夫に冬はどんな時に幸せを感じるのかと聞いてみると、風呂に入った瞬間、そして布団に入った瞬間と答えが返ってきた。うん。シンプルでいて大変共感できる。ちなみに私はねぇ、と今度はこちらが意気揚々と話そうとしたら「それでは今から俺の幸福時間なので……」と話も聞かずにさっさと寝室に向かってしまった。


私は自分に自信がなくなった時や調子が良くない時に眺めるものがある。

それは自宅の壁一面の本棚だ。元は押し入れがあった場所で、工務店に頼んで床の強度を増す工事をしてもらい頑丈な棚を作り付けてもらった。

最初はスカスカだった棚が、八年も経つと全ての空間に本がパンパンに詰め込まれ、あぶれた積読タワーがつくしのように本棚の前に群生するカオス漂う風景となった。

並ぶのはどれもこれも一冊一冊思い入れのある本ばかり。まさに剥き出しの宝箱だ。

「あぁなんだか気分が上がらないな……」そんな時は仁王立ちでこの本棚の前に立つ。並ぶ本達の姿をしみじみと眺める。

「ご覧よ！　うわぁ……なんて素敵かしら。私はこんなに素晴らしい本達を持っているんだ！あの本もこの本もどの本も最高だぞ。私はなんて幸せ者なんだ！」

心の中でうっとりと歓声があがる。やがてどこからともなくホカホカとした幸福な気持ちが温泉のようにじわわ〜と湧き出てくる。室内が寒ければ寒いほど、その温かな感情は勝負に受けて立つと言わんばかりにホットに感じられる。

特に訳もなく気分が沈むことが多い冬場における私のお得意の幸福抽出方法だ。


そんなことを書き綴りながら突如思い出した出来事がある。

以前、これも冬の出来事だったが、「結局あなたは古本が好きな自分のことが好きなんですよね？」とネットで面識のない人から突然メッセージを貰ったことがあった。

先方はささやかな悪意を込めた嫌味のつもりで言い放ったのだろう（この場合は書き綴るという方が正しいか）、だが受け手の私はというと「何を当たり前のことを改めて教えてくれてんだろうこの人は……はて？」と思いながら「はい！　大好きです！」と勢いよく回答した。

先方からの返信はついにないままだった。

　好きな世界を持っている自分のことが好きであるのはとっても素敵なことではないか。

だが、今ではそんな自分愛を語る私ではあるが、実は子供の頃は自分のことがあまり好きではなかった。結果的に今に至ることができたのは幾多の経験もあるのは勿論だが、やはりなんと言っても古本屋の存在が大きかったように思う。

　両親、特に母親が熱心な教育精神を持っていたというのもあり、子供時代の私は親が敷いたレールを従順に歩いていた。

　転勤族だったので、小学校は数回変わった。表面上の友達はいても、親密な友人はいなかった。どの小学校でも図書館が一番好きな場所だった。

　低学年から中学受験を見据えた塾通いが日常となり、今の私だったら「ひょえー無理無理無理ぃー！」と言いながら逃げ出したくなる超過密スケジュールの中で生きていた。決して優秀ではなかった自分が目標を遂げるには人一倍の努力が必要だった。健気に机に向かう日々を送っていた。

　いつも自由に振る舞い時折母親を怒らせていた兄の姿を身近に見ていて、大人のいう通りにしておくことが無難、逆らったら面倒なことになる、そんなことを妙に理解した気になっていた小賢しい子供だったと思う。その結果周囲の人間の顔色を伺うことが当たり前になってしまった私は、物事を決めたり選んだりする作業が苦手になっていた。他人の意見に流されたり多数の意見に流されたり、様々な場面で優柔不断を発揮した。何を考えてどうしたいかがいつも不透明な自分に好感を持てないでいた。

そんなダークサイド寄りだった子供がいつになくはしゃぎ浮かれたのが、自分の誕生日とクリスマスが合わせてやってくる十二月だった。

それらのイベントで貰うプレゼントの中で一番嬉しかったのが祖父母から贈られた図書カードで、その額三千円。子供にとって大金だ。

そして、その図書カードを父に換金してもらおうと悪知恵が浮かんだのは小賢しい私らしい、あまりにも自然な成り行きだった。

父は深く追求しない性格で娘の頼みごとに快く応じてくれた。

なんとなく母に知られたら気まずいような気がして、コソコソと闇取引のように父から千円札を三枚受け取った瞬間のあのスリリングな感触と背徳感。

なぜ現金化したかというとちゃんと真っ当な理由があった。

少しでも沢山の本を手に入れたかったからである。

既に当時から新刊書店も好きだったが、やはり安く色々な本が手に入る古本屋の方が圧倒的に好きだった。塾通いの毎日で学校の外で友達と遊ぶこともほとんどなかった自分にとって、本は娯楽であり最高の友だったのだ。

母は息抜きと称して休日によくドライブに連れて行ってくれた。綺麗な景色やレジャースポットよりも、道中たまたま見つけた古本屋に寄ってもらった時の記憶の方が年月を経た今も鮮明に残っている。特に冬場に訪れるロードサイドの古本屋は倉庫のような出で立ちで店内の暖房が行き渡っていないことが多かった。

手を擦り合わせ温めながら、ワクワクしながら通路を進む。貯金箱から取り出しポケットに捻じ込んだ皺だらけの千円札数枚の存在を時折確かめながら、棚を見回す。寒さでかじかんでいた指先がやがて熱くなってきた。

沢山の初めて目にする本達の中から自分が好きだと思うものを選ぶ楽しさ。誰に指図されるわけでもなく、自分の感覚に自由に従う面白さ。そうして手に入れた本から知る新しい世界や思考。

その作業を繰り返し積み重ねていくうちに、自分の心が豊かな彩りに色付けされていくような気がした。

やがて、本を通して幸福な気持ちを味わうことができる自分のことがすっかり好きになって

いたのだった。

この子供時代の体験の蓄積が今日の私の古本愛の柱にもなっている。

人はこんなふうに振り返る生き物だ。一年最後の十二月は特にその行為に拍車がかかる。今までどんなことがあったかな、そういえば昔こんなことがあったなとぼんやりと過去を掘り起こしていくと、いつの間にか芋づる式に様々な記憶が姿を現す。

冬は幸福の輪郭を捉える感覚が研ぎ澄まされると冒頭に綴ったが、同時に取り留めのない過去の出来事が愛しく光って見える季節なのかもしれない。

ところでこの原稿を書き終えた後、冬

の定番夜食であるアルミ鍋の焼きうどん（それも卵を真ん中に落とした豪華版！）を食べる予定だ。

　薄暗い極寒の台所でうどんをずるずる啜りながら吐き出す真っ白な息、それもまたささやかな幸せの象徴の一つ。

　アルミ鍋から立ち上る湯気を吸い込みながら、私はまたしてもしみじみと振り返りの思考に浸るのだろう。その時間は静かでありそして賑やかだ。

　そうして、今年もいつの間にか冬という季節をすっかり迎え入れている自分に気づくのである。

部屋を借りたい

先日、近所の空き物件を見に行った。

生きている限り無限に増え続けていくであろう古本達を心置きなく積み上げられる場所があればなぁとぼんやりと思い始めて、早数年の月日が流れた。

その間、ある時は不動産サイトで、ある時は散歩中に見つけた「貸間有り」の貼り紙を見かけては色んな物件を見て回った。

だが、残念ながらこれまでチェックしたどの物件も自分が掲げる「条件三つ」をクリアすることはなく、古本倉庫計画は未だ夢の域から脱せていないままだった。

条件一　自宅から徒歩三十分圏内であること

条件二　家賃は三万円以下であること

そして条件三に関しては後々に書くのだが、条件一、二と同様にこれもなかなかクリアが難しい。

おまけに自分が住んでいるのは地方都市の小さな町なので、都心と違ってなかなか新着物件が出てくることも少ないときた。

やがて子供が生まれ、初めての子育てに髪を振り乱す日々が始まり、すっかり物件のチェックどころではなくなった。

だが、子供がスクスクと成長していくにつれ、衣食住の中に大量の古本が存在することの大変さを改めて目の当たりにする機会が着々と増えてきた。

生活スペースに醸される圧迫感。本をおもちゃとして認識している我が子から本棚を守る為に万里の長城並みに設置されたベビーサークル。

そして何より本が多いということは、つまり埃がたまるペースも早い。

ハウスダストが幼い子供にとってアレルギー性鼻炎の原因になり得ると知って以来、毎日あくせくと床や棚を掃除する大変な作業が新たに加わった。

独身時代は全く気にしなかったことが子供を持った瞬間に脅威に変わってしまったのだ。これには頭を抱えるハメになった。

なんと言っても一番の悩みはやはりスペースの問題である。

将来子供部屋に使う予定の部屋には現在所狭しと本が積み上げられ、足の踏み場もない状態。だが必ずやってくるのだ……この部屋を空っぽに片付けなければならぬ日が……。そうなるとこれらの本達の行き先は……。

数年前に庭に設置した物置（あの〝百人乗ってもダイジョーブ！〟でお馴染みのイナバの物置）の中も見事に〝処分するのは惜しいけどもう開くことはないであろう自宅から隔離された本達〟の墓場と化してしまった。草刈機や不要な家財道具も加わり、なかなかのカオス状態になっている。

子供のことも大切だが、好きなものはやめられない止まらない……。

愛する古本と今後もうまく共存できる道は他にないのだろうか。

「この家とは別に古本を置ける場所さえあれば……！」

古本を買うのを自重するとか古本を処分する、という大人の選択肢が浮かばない点が我ながら惚れ惚れとする。

手頃な価格で借りられるトランクルームという手も考えたが、やはり大事な古本達を置くからには「ちょっと珈琲でも飲みながら本を読んでみるか」とくつろげる空間の方が良い。

根気強く探せば案外良い部屋が見つかるかもしれない、そんな根拠なき自信がしばらく薄れていた古本倉庫計画に再び火を灯したのだった。

そうこうするうちに子供が幼稚園に通うことになり腰を据えて物件探しに取り掛かった途端、一軒の新着物件の情報が目に入ってきた。

さて、前置きが長くなってしまった。

今回見学したのは閑静な住宅街にある築六十年の木造家屋で、家賃は二万五千円。部屋数は三畳が一部屋、六畳が二部屋、八畳が一部屋の申し分ない広さ。おまけに押し入れもあり収納力も素晴らしい。

風呂なし、トイレは洋式だが便座に座るのは遠慮したい佇まい。別に住むわけではないのでその点はノープロブレムだった。

ライフラインは電気さえあればポットでお湯を沸かして珈琲を淹れたり、カップラーメンも食べたりすることができる。トイレは近くにある公園の公衆トイレを利用すれば良いし、ほどほどの自然が残り古い街並みが続く近辺は窓からの景色も悪くない。

なんだここは、最高ではないか。しかもアト坊を散歩がてら遊びに連れて来られる距離だ。

これまで見てきた物件の中で一番雰囲気の良い部屋だった。

だが、「ここに決めよう!」という言葉は勢いよく出てこなかった。

最初に目にした急勾配の階段の存在が気持ちにブレーキをかけていたのだ。

理想の古本倉庫に求める第三番目の条件、それはズバリ〝長い階段もしくは急な階段が無いこと〟である。

この物件、元は古いアパートだったのを改築した仕様で、一階は既に居住者あり。貸し出されている二階の部屋には階段を上がっていかねばならなかった。普通の階段だったら許容範囲なのだが、ここのはよりにもよって急斜面を梯子で登るが如くのハイレベル階段。しかも築年数と相まってビンテージ感漂う階段からは足を踏み込むたびに不安な気持ちに駆られるきしみ音が奏でられた。

「やはりここもか……くっ」

マスクの下で唇をぎゅうぅぅと噛み締める。

そう、賃料が安いということは理由があってのこと。この物件の場合、風呂なしと築年数の古さとは別にこの階段が要因だった。

思えば、これまで見てきた物件もそうだった。

エレベーター無しの三階建アパートの最上階の一室、長い長い階段を上がった先にある古民家。いずれも息切れ必至のロケーションである。

逆に階段が無かったパターンでは、家賃が一万円代の平屋を見に行った際に天井が雨漏りで朽ち果て畳から植物が生えた部屋が出迎えてくれたこともある。

過去の物件で遭遇した様々な記憶を思い出しながら、部屋の窓から見える階段を恨めしげに眺める私に不動産屋のお兄さんも営業トークは一切せずに「……これは確かに荷物の持ち運びにはキツいっすねぇ」と苦笑いの反応だった。

と、言うわけで産後初めての物件内見は一旦保留という結果に終わったのだった。


なぜ私が階段にそこまで執着するのか？

それには大きな理由がある。

今住んでいる家は小高い山の上に建っており、眼下には海が望める。

元々は別荘として建てられたもので、訪れた人のほとんどが「いやぁ、景色サイコーですね」と言ってくれるくらい眺望が良い。

老後は海を眺めながらロッキングチェアに揺られ本を読む穏やかな暮らしがしたい……そんな妄想が広がり、数年前に勢いで購入に至ったのだった。

ここまで書くと「自慢かよっ」と吐き捨てられそうだが、違う違う、ここからが肝心の本題なのである。

この愛しの我が家、歳を取るにつれて〝とてつもなく脚にクる〟ことが住み始めてわかった。

車の乗り入れができない場所にあるので山の上まで自力で上らねばならない。

自慢ではないが、引越し業者から「お宅の引越しだけはもう二度としたくありません」とまで言われたことがある立地だ。

引越し当日、到着した二トントラックにはパンパンに積み込まれた荷物。その三分の二を占めていたのが、本が詰まった鉛のように重い段ボールの山。

時期は灼熱の八月、快晴の青空の下、降り注ぐ日差し。

百段近くある自宅まで続く地獄のような階段（しかも舗装もあまり施されていないので段の高さもバラバラときた）。

ここまで書くと、引越し業者からそのような言葉を放たれたのも十分理解してもらえるだろう。

早朝、トラックから降りて「宜しくおなしゃぁース！」と猛々しく挨拶をしてくれた三人のフレッシュな若者達は荷物の運搬を終えた午後には干涸びたミカンの皮のようになっていた。

あの時の表情。

私の古本達が彼らにこんな仕打ちを……！　とそれはそれはもう罪悪感がすごかった。

その後、この新居でスタートした我が古本ライフに階段によって修行のような過酷さが加わったのは言うまでもない。

動悸息切れ、そして膝の悲鳴が側に寄り添いながらの戦利品（古本）運搬、果たして十年後に同じ作業ができているだろうか。ううむ、不安しかない。

だから、せめて古本倉庫は足腰に優しい場所であって欲しい。

故に、第三の条件は古本者である自分にとって必須項目なのである。

楽しい古本生活を今後送る為には、自宅まで続く長い階段に最新式昇降リフトを取り付けて庭にもう一軒古本専用の小屋を建てるか、足腰に優しい古本倉庫を探し出すか、この二択のみと言って良いだろう。

前者は庭から石油が湧き出るか、もしくは宝クジが当たらない限り無理だが。側から見ている夫からは「馬鹿じゃないの」と呆れられているが、こちとら老後も輝く古本者でありたいのでかなり真剣である。

諦めずに今度は古い長屋物件を見学する予定だ。

さぁ、果たして今度こそ一期一会の出会いになるか!?

運命の〝古本部屋〟に巡り会えたあかつきには、そこで過ごすセカンド古本生活をネタにして原稿を書きたいという野心もある。きっと古本を買う量もますます増えるだろう。

又、部屋を開放して不要になった蔵書を販売するイベントをしても案外面白いかもしれない。

あぁ、愉快な妄想は膨らむばかり。

何より将来夫とアト坊から愛想を尽かされた時には避難場所にもなるしな……と、脳内のどこからか己の未来を危惧する声も聞こえてきたが頭をフリフリ振り、再び携帯片手に候補物件をチェックし始める私であった。

唯一無二の我が救世主

「母ちゃんはね、お前と父ちゃんを残して遠くに古本を買いに行くんだぞ〜」

玄関先で靴を履く私の背後から、子供に向かって冗談ぽく話しかけている夫の声が聞こえる。

「ちょっとさ〜！やめてよ、その言い方ぁ……」

苦笑いしながら振り向くと一歳八ヵ月になるアト坊が夫に抱き抱えられながらニンマリと私を見つめていた。昨日前髪を短く切り過ぎてしまったせいで、おでこがプリッと露出している。子連れ狼の大五郎のような佇まいだ。

「それじゃあ……行ってまいります！　今日明日よろしくお願いします！」

「はいはい。バイバ〜イ」

玄関から手を振りながら私を見送る夫と子供の姿を、何度も振り向いて確認しては大きく手を振り返す。こうして微量の罪悪感を胸に芽生えさせながら、土曜日の朝、私は古本漁りの旅へと出向いたのだった。

今年に入ってから、念願の東北と関東の古本屋巡りの旅を果たした。

いつか訪れたいと長年思いを募らせていた店や、気になっていた店を実際に目の前にして感慨に浸った。勿論、漁書作業も存分に堪能した。

いずれも弾丸で行動時間が限られた超ハードな旅程だったが、疲労感も最高のスパイスと感じられるほど、それはそれは楽しい時間を過ごした。

これもひとえに、夫の協力無くしては実行できなかったのは言うまでもない。

航空会社のキャンペーンで特別価格で航空券が手に入る機会を前に、「こんなにお得に遠出ができるチャンス滅多にない……でも、でも……」とモジモジしていた私の背中を押してくれたのは「行ってきたら」という夫の一言だった。

行きたかった店の閉店を相次いで知っては落胆していることが多かった私の様子を見ていたのだろうか、「経験はやれるうちにした方がいい」と更に付け加えて言われた。胸が熱くなった。

そして最後に放たれた「でも、古本は買いすぎるなよ」の忠告は聞こえないふりをした。

こうして夫からのGOサインが出た途端、東北行きのみならず調子に乗った私は東京行きも加え、それぞれ往復航空券の購入ボタンを押したのだった。

「俺はなんて優しくて理解のある旦那様でしょう……」

「ええ、仰る通りでございます!!!」

古本目的で家を空ける妻と、留守番兼子守りを担う夫との会話である。

料理（なんだったら私よりも上手い）を始め家事や身の回りのことは全て自分でできる上に、安心して子供を託していけるほどワンオペ育児はお手のものになった夫。

もう私が存在せずとも子供を健やかに育ててあげてくれるのでは……と想像してしまうくらい、心強い助っ人として成長を遂げてくれていた。

そのせいなのかどうかはわからないが、子供は夫のこともママと呼ぶ。

もはや、私と夫は子供から見ると同じ立ち位置なのかもしれない（一時期はパパと発語も出来ていたのだが最近では全く言わなくなった……）。

惚気や自慢などと言われればそれまでだが、それでも声高らかに言いたい……！

本当に、この人が居なければ母親となった今も、こんなにも勢いを衰えさせずに趣味の世界を謳歌することは叶わなかっただろう……と！

ここ最近しみじみとこうした夫への感謝の気持ちが湧き起こっている。

彼が宿敵であったのは過去の話、古本趣味に対する冷ややかな目線は変わらずとも、今では唯一無二の我が救世主なのである。

世の中には十人十色の夫婦像があるとは思うが、私のような頭のネジが外れた人間をここまで許容してくれる人間は恐らく夫の他にはいないだろう。

旅先で一人過ごすという非日常な状況では、やはり子供と過ごしている普段の日常のひと時を思い起こす瞬間が度々あった。

この時間はいつもああしてるなぁ、こうしてるなぁ。

そんなことを考えているうちに、夫に様子を伺うメールを打とうと頻繁に携帯をポケットから取り出しているのだった。

ちなみに夫に子守りを頼んで出掛けている時は、こちらから連絡をしない限りほとんど連絡はこない。夫なりの気遣いなのだろう。

古本屋から別の古本屋へと移動中のバスの車内で、先ほど夫から返信で送られてきた動画を音を消しながら眺める。小さな携帯画面には笑いながら飼い猫を追いかけ回す腕白坊主が映し出されていた。「あぁ良かった。いつも通りだ」思わず顔が安堵でにやけた。

午後、夫から再度送られてきたのは白目で昼寝をしている子供の寝顔写真だった。お陰でその後の旅程は古本全集中で臨むことができた。

夕方、古本屋巡りを終えて宿に向かう道中、いそいそとテレビ電話をかけると、エプロン姿の子供がドアップで映し出された。晩ご飯の真っ只中だった。

すごい満面の笑み。しかも顔中に納豆がこびり付いているではないか。

「アト坊！　ママだよ〜〜！」

場をわきまえず往来で私が甲高い声を上げた瞬間、周囲を歩いていた人々のギョッとした視線が降り注いだ（こういう時に理性が正常に働く人間であったら私の人生はもっと違っていたのだろうか……）。

「マ、マ、マ、マママぁ！」

米粒と納豆を口から撒き散らしながらこちらを見て絶叫する息子。

良かった。私が古本にかまけていた間に忘れられていなかった。安心した。

そんな思いが溢れ出て再び歓声を画面に投げかけた。

「キャー　そうよ！　ママよ！　お利口さん！」

クネクネと動きながら携帯を両手で持つ黒尽くめの金髪、異様にハイテンションな声色。

側から見たら完全に不審者にしか見えない姿だった。

モーゼの十戒の海割りの如く、人々が私を避けて歩いて行くのがわかった。

その後、画面に映り込んだ夫の顔は若干疲弊していた。

お昼ご飯は何を食べさせたのかと聞くと「煮込みうどんを作って食べさせた。完食したよ」

との返答。手作りの今宵の晩ご飯も完食の勢いらしい。

なぬ……!? か、完食?! 私が作った手料理はいつも残すくせに……。父の味の方が好きなのかアト坊よ！

電話を切った後、夫に対してそこはかとない敗北感を抱きながら古本が入ったリュックを背負ってザクザク歩き続けたのだった。

その晩、宿で歯を磨いている時、ローカル番組をぼんやり眺めている時、布団に横たわりながらなかなか寝付けず暗闇の天井を見つめている時、あんなに渇望していた一人時間はこんなにも寂しさを伴うものだったのかとしみじみ感じた。静けさが妙に居心地が悪い。子供を生む前までは味わったことのない感覚だった。

翌朝、チェックアウトを済ませて帰りの空港に向かう道中、どこかホッとしている自分がいたのだった。

自宅に帰還したのは日曜日の午後で、子供はいつものようにリビングで過ごしていた。

「ただいまぁ〜！」と大袈裟に両手を広げて部屋に入っていくも、子供は私の顔を見てニヤリと笑みを浮かべただけで「おう、オイラは今遊んでて忙しいんじゃ」と言わんばかりにプイッと背を向けて再び電車のおもちゃを凄まじい勢いで床に擦り付けていた。

感動の再会シーンは何処……。

子供の土産に買って帰ったぬいぐるみキーホルダーは最初のうちは振り回すなどして遊んで

くれていたが、数分後には飽きてそこらへんに放り投げられていた……。

一息ついたのち玄関で荷解きをしていると、先ほどまで洗濯物を取り込んでいた夫がやってきた。視線は私のリュックに注がれている。

「おかえり……いい本あった？」

遠回しかつソフトな事情聴取が始まった。

今回は冊数こそ少ないが旅の思い出と称して思い切って購入した本もあり、使った金額はかなりの額になっていた。

自分のポケットマネーからとは言え、この大散財の事実を普段は質素倹約に努めている夫に伝えるのはどうにも憚られた。

「あ、これ地酒ね。美味しいんだって。あとこれ、つまみに。限定商品でこっちだと手に入らないんだって」

などとセールストークを添えて、まずはお土産を手渡した。

「持って帰るの大変だなと思って今回はそんなに本は買わなかったよ。ハハハ」

オブラートにオブラートを包んでその場を切り抜けようと試みた。

「そうなんだ。成長したね……」

リュックの膨らみを見つめていた夫は疑うことなくサラリとそう言い残して、お土産を手に

去っていこうとした。
その背中に向かって「いい時間を過ごせたよ……楽しかった、ありがとう！」と大声で感謝を叫んだ。
「いいってことよ」と言いながら振り向いてくれた夫の顔には無精髭が生え、二日間の奮闘ぶりが表れていた。
しばらくは古本買いを我慢して、今度美味しい焼肉をご馳走しに連れて行こう！　そう心に決めた私であった。

小さな人差し指

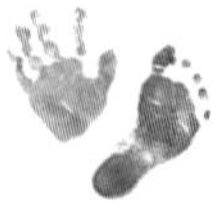

子供の寝かしつけをしながら真っ暗闇の寝室で、いつも私は色々なことを考えたり思い出したり頭の中で取り止めのない思想を揉んだりこねたりしている。

一歳十ヵ月になる息子アト坊は最近特に感激屋さんだ。

道端に転がっている空き缶、空を飛ぶカラス、歩行者信号の押しボタン、散歩している犬、目に映る全てのことはメッセージ（※ユーミン）と言わんばかりに何を見ても「ンあぁ‼!」と叫び目を輝かせながら指を差す。

なんだかとてもいいなぁ、歩く好奇心の塊だなぁと思う。まだハッキリと言葉は喋らないが、日々小さな体で目の前に広がる世界を一生懸命に吸収して消化しようとしている姿には胸にくるものがある。

たまに地面に落ちているタバコの吸い殻や犬の糞を嬉々として拾いにかかるのは勘弁願いたいが。

先日も一緒に近所を散歩していたら、突然歩くのをやめて何やら一心不乱に見つめている。

彼の視線の先を辿ると、よそのお宅の窓際で猫が日向ぼっこをしている姿があった。住宅街の一部にあまりにも自然に溶け込んでいる風景だったので私だったらきっと気づかなかった。子供の観察力はすごい。「よく見つけたねぇ。猫ちゃんだね」と思わず驚いて反応すると、得意げに私の顔を見上げながら「あ！　あ！」と指を差していた。

これなに!?　好き！　嫌い！

幼児は周囲を、誰を、意識するわけでもなく感情を素直に表現する。行動もまた同様だ。自分が何を知らないかも知らないから、とりあえず思うままに体を動かす。阻むものがないからこそ子供が持つ可能性は無限大だ。

こんなふうに純真無垢な子供と毎日一緒に過ごしていると、どうしても大人である自分と比較してしまう癖がついてしまった。不毛な行為だ。それでもやらずにはおれない。理由はわからない。歳を取るうちに自分が置いてきてしまったものや失ってしまったものを探したいのだろうか。

子供時代からはじまった私の古本趣味も成長と共に変化を遂げてきた。

子供の頃は知らないことの方が多かったので古本との出会いに対する喜びが今よりも濃かったとか、それでも新しい知識を得ることで喜びの質が年々アップグレードされていっただとか、大人になるにつれて古本に使える金額も増えて買える分野の選択肢が広がったなどなど、ベクトルで例えるとずっと上昇を続け童心で突っ走ってきた我が古本精神史である。

だが、最近生じている変化には正直寂しさが付きまとう。そしてベクトルは下降してはいないものの横ばいを保ったままだ。

例えば、本を買う行為にこれまで疑問なんて思い浮かばなかった。欲しいから買う、持っているだけで幸せだから買う。買った後のことなんか考えたこともなかった。

しかし段々と年月が経つにつれ、そして未来溢れる息子と過ごす日々の中で少しずつ先のことを現実的に考える場面が増えてきた。

自分が死んだらあの世には一冊も持っていくことはできないんだよなぁ……なんか……なんだか切ないなぁ。目の前に積み重なる大切な本達を前に、そんな無常感もふと覚えるようになった。

そして、本を読む行為には歳を重ねるにつれ労力と時間が必要だということも段々わかってきた。これまで老後の楽しみと言いながら嬉々として買い集めてきた本達は、果たして老後の楽しみとしてその存在を全うすることができるのだろうか。

自宅にある本達は恐らく一生かかっても読み尽くすことはできないだろう。本の量から己の人生の限られた時間を思い、憂う。今の自分は全ての収集好きが通過するであろう分岐点に立っているのかもしれない……。こんな風に漆黒の闇の中で時として出口のない思索に耽るのだ。

気がつくと、先ほどまで「俺はまだ寝らんぞ」とあっちこっちと転がっていたアト坊はすっかりスースーと寝息を立てていた。暗闇に慣れた目に映りたる我が子のアクロバティックな寝相を確認して毛布をかける。これにて一日のミッションクリアだ。終わった、終わった。

寝室の扉を開けて抜き足差し足でソッと階下に下りる。台所に向かうとフワッと珈琲の香りが漂ってきた。夫が丁度お湯を注いでいるところだった。

さて、私もお相伴に預かろうかと席についた途端、テーブルの上に置かれたあるモノを目にして私はギクリとした。

そうしてそれは、まるで逮捕状をかざすようにゆっくりと目の前に突きつけられた。

「この包装紙……また沢山買ったの？」

夫が手にしていたのは昼間私が破り捨てたものだった。

その日ポストに投函されていたのはネットで購入した古本三冊。

奇遇にも同じ日に別々の場所から注文した本達が一気に届いていた。

ポストに詰め込まれた茶色い小包達を手に取るやいなや小躍りしながら玄関に靴を放り出し、指先で勢いよくビリリと包みを破いた時の私は確かに、無敵の人になっていた。

「ワタシは今最強にルンルン！」

そんなテンションで台所に置いていた地域指定の可燃ごみ袋（半透明）にバサァァ！　と瓦割りの如き勢いで、不要になった包装紙を突っ込んだ。

おまけに破ってグチャグチャにしたせいでゴミ袋の中の紙ゴミは異彩を放つボリューミーさと化していた。

その後、買った本は夫に見つからぬよう押し入れの中に隠したものの、肝心の品物〝本〟とバッチリ記載された配送伝票が付いたままのこれら包装紙はパックリと口が開いたゴミ袋から丸見えの状態だったわけだ。

帰宅した夫からすると「ヌハハ！　また古本買っちった（笑）」と妻からアピールされているようなもんである。おマヌケ極まりない。

「頭隠して尻隠さず！」

己の痛恨のミスに心の中でツッコミを入れた。

そんな私の一連の動作を見透かしたような表情の夫は
「詰めが甘いんだよ……」

こんなにピタッとハマる状況あるかとしみじみしてしまう台詞を吐いて、自分の分の珈琲だけ淹れ終わるとリビングへと去っていった。無論、私のマグカップは出されていなかった。

「ふーンだ」

漫画に出てくる台詞をリアルに日常使いする三十四歳ここにあり。

だが、夫の〝目ざとさ〟を責める筋合いは私にはない。

証拠隠滅作業を怠った私が悪いのだから。


それにしても、内緒の古本買いが思いがけずバレた後はなんとも言えない気分になる。子供を生む前はここまで動揺することはなかった。母親という立場になったからだろうか。

自分で物事が完結するうちは「欲しかったんだもん。しゃーないじゃん？」と、そこまで特に感じ入ることはないが、他者が介入すると途端に深刻な問題に取って代わる。

おまけに先ほどまで暗闇の寝室で思い浮かべていた無常思考までもが追い討ちをかけてきた。まだいっそ胸ぐらを摑まれて「オメェさんよぉ！　今度また古本買ったら代わりに一冊捨ててやっかんなぁ！　覚悟しとけよオルァ！」と言われた方がどれだけ心が楽だろうか。だが、心優しい夫は絶対にそんなことはしない（いや、もはや怒ることに労力を使うのが無駄と思っているのかもしれない）。

真綿で首を締めるように夫から静かに諭されるたびに、私は未熟な自分と戦わなければならないのである。

「あなたは救いようもない欲望に弱い人間ですね。このままでこの先大丈夫ですか?」と。いやいや、考えれば考えるほど怖い怖い。

戸棚から自分のマグカップを取り出し、テーブルに残されたドリップバッグをのせてお湯を注いだ。新しく豆を投入するなんて今の自分にはおこがましい行為だ、出涸らしがお似合いなんだこんな私は。

コップに流れ落ちる珈琲の色の薄さ。出涸らしの珈琲は締まりのない中途半端な味がした。

気を取り直そうにも取り直せない夜のコーヒーブレイクタイムが過ぎる。こんな自分に甘い人間が人一人立派に育て上げられるのか……そもそも我慢という概念を教えることなんてできないのでは……なんて自虐的な考えまで沸き起こってきた。

背中を丸めて珈琲を啜りながら幼稚園の連絡ノートをなんとはなしにパラパラとめくり眺める。ワイルドにアグレッシブに、そして楽しげに過ごしている我が子の様子が細かく綴られている。何度読み返しても面白い。への字になっていた口元が思わず緩んだ。

ふとアト坊の小さな人差し指が思い浮かんだ。

気になったモノにビッと向けるあの輝く無垢な指先は、先のことなんてこれっぽっちも考えていない。明日の朝、起きてきたアト坊の顔を見たらこんな暗い気持ちも吹っ飛ぶだろう。

その場に流れる陰鬱な空気を切り裂くように「ダイジョーブダイジョーブ」と呟きながら自分の右手の人差し指を掲げて指揮者のようにブンブンと振り回したのだった。

やっぱり古本を買うのは楽しい

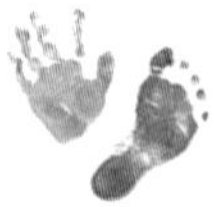

「俺さぁ、今日四年ぶりに本買ったよ」

帰宅した夫からポロリと漏れた台詞を聞いて、夕飯の焼き魚をグリルから皿に移し変えようとしていた私は思わず床に熱々の塩サバを落としそうになった。

「えぇ!?」

「サザエさん」に登場するマスオさんのような声が喉の奥から出た。

夫がどんな新刊本を買ったのかここで詳細を綴るのは無意味な宣伝になってしまいそうなので横に置いておくとして、それにしても……驚いた。

信じられない……。そんな長い期間本を買わない人間がいるんだ。しかも身近にいた……!

コロナ禍での古本活動も板につき、ネット漁書もお手のものになった私なんか本を買わない日は皆無だし。そして恐ろしいことに、そのような生活を送っていると世の中の大体の人は少なくとも月に二、三冊は何かしら本を買っているだなんて思い込みが完成されてしまっていたのである。

だって、本って……面白くない?!　探すのも楽しい、手に入るのも嬉しい、しかも賞味期限がないから好きな時に何度だって読むこともできるじゃん！　最高の娯楽じゃんよ！

という具合で、自分の感覚を当たり前に軸にして生きていると、時折このような小さな衝撃が日常生活の中で突如姿を現すのである。

普段は一歳児以外の他者と交流することのない私にとって、このように時として〝多様性とは〟を学ばせてくれるダイバーシティ教師である夫は、驚く私に「いやいやいや、俺みたいに本を買わない人は普通に沢山いるって」とコメントを添えて塩サバが載せられた皿を淡々と受け取った。

出会ってもうかれこれ十数年だけど、やはり夫とは言え他人のことはどれだけ時間を積み重ねてもその全てを理解することはできないのだなぁと、なんだかザワザワした心持ちで味噌汁を椀によそったのだった。

夫曰く、ネットで自分が必要とする情報はほとんど手に入るから iPhone さえあればわざわざ本を買う機会なんてない、だそうだ。

好きな作家の本だったらまだわかるにしても、装丁が美しいから欲しくなるなどといったコレクター心理はよくわからない。わかろうとも思わない、とのたもうた。

なるほど、私が影でミニマリストと揶揄してしまうほどに物に執着がなくデジタルに精通した彼に相応しい回答だった。

確かに、夫は常に携帯を眺めている。故に情報通だ。

一週間くらい前に話題に上がっていたニュースを遅まきながら知って、新鮮に飛びついている私を「……え？　今さら？」と鼻で笑ったことも何度あることか。

子供の世話を任している時にもその〝携帯が恋人〟スタイルを貫こうとするので、「携帯画面じゃなくて今この瞬間しか見れない我が子の可愛さをじっくり眺めなさい！」と幾度となく夫に対して般若の形相になったこともある。

彼の携帯カバーは息子により何度もシール貼り貼りの刑に処せられ続け、今ではファンシーなアート作品と化している。

夫からすると古本を主食にして生きているような私のような人間（しかも買った本はほとんど読まないときた）こそが信じられない奇怪人に映っているのだろうが、この日ばかりは夫に異星人を見るような眼差しを注いでしまった。

それから数日後、二十代の学生やフリーターの若者達と大勢で話す機会が偶然あったので、思い切って本に関する話題を投入してみることにした。

「最近買った本ってある？」

どの子も流行りに敏感な様子でフレッシュな雰囲気が溢れ出ており、そして私よりも一回り以上年下。果たしてどんな回答を得られるのかワクワクした。

「本ですか？　いやー買ってないなぁ全然。まず本屋に行くこと自体がないかも。あ！　でも携帯で配信されている電子漫画とかは読んだり話題作はチェックしてますよ」

「えぇぇぇぇ……そぉ……」

多少想定していたものの、夫の時と同様の衝撃が私の胸を通過した。

じゃあさ、ちなみにさ、みんな何が楽しい？　普段は何をして楽しんでいるの？

滅多にない異文化交流と言わんばかりに彼らに質問を続けた。

驚いたことに、そこにいる全員が「強いていうなら音楽鑑賞や映画鑑賞（Netflix や Amazon prime などを利用した）かな」と答えた。

おまけに本を読むより断然コスパがいいと口を揃えて言うのだ。

活字の本を読むのは時間がかかるし、感想を誰かと話して共有するのはハードルが高い、だけども映像を始め視覚や聴覚で楽しむ娯楽の方が他者と気楽に意見を言い合うなどして自分の感情を表現しやすいから、とのことだった。

コミュニケーションありきの幅広い交友関係を持つ彼らにとって、これは真逆の環境で生きている私にとっても十分納得のいくわかりやすい理由だった。

「て言うか、逆にカラサキさんはなんでそんなに本が好きなんですかぁ？」とその後、藪から棒に投げかけられた質問に対してはモゴォモゴォとしてしまった。

結局うまく説明することができないまま、その日の集まりは終わってしまった。答えられなかった理由としては、若者相手に年上の自分が調子に乗ってそれらしい言葉を並べ立てて熱弁を振るってしまうかも知れぬという恥ずかしさが浮かんだのもあるが、何より、本に対する価値観が自分とはまるで異なる彼らに理解してもえるような説明ができるはずがないと怯んだのだった。


過去に出版した著書には「本は自分を表現してくれるツールであり、本棚は自分はこんな人間だと代弁してくれる存在」と書いた。

そこから時を経て現在、子供が生まれて母親として子育てに追われる日々が始まり、本を買い集める行為に対して「将来子供が大きくなったら読むかも知れないから」といった新たな理由も加わるようになった。

そして最近、明確に自分の中で新たに芽生えてきた感情がある。

私は〝自分がこの人生で得られない体験〟を本に重ねて掻き集め、そして所有することで補いたい、のだ。きっと。

実体験に勝るものはなし、とはよく言うが、だが現実的に考えると実際に生身で経験できる〝体験〟は限られている。

体験したいという欲求が浮かぶと同時に、時間や金銭や体力の事情によって叶わないことの多さもセットで考えさせられ、つい人生の儚さを痛感してしまう。

知らないことの方が圧倒的に多いまま、人はやがていつか人生を終える。

生きている限り生まれてくる欲求は数知れない。

その尽きぬ欲求を違った角度から満たしてくれるのが本という存在だと、私は三十代を過ぎて子供を生んでしみじみ思うようになった。

例えば今、海外に長期間の旅に出たいとする。

でも子供も小さいし、そんな時間もお金もない。百%不可能だ。あぁ、残念だ。旅に出たらどんな面白さや感動が味わえるのだろう。なんだか焦燥感に襲われて気分が少しブルーになってきた。

そんな時に本棚を眺めるのだ。棚には様々な作者の旅行記が並んでいる。

背表紙を眺める。そこで私はすっかり穏やかな気持ちになる。

実際には行けなくてもいつでも好きな時に本のページを開きさえすれば、他の誰かの日を通して旅の気分を味わうことができるから。

度々、エッセー本や日記本が読書好きの間で話題に上がるのもきっと、これに似たような感覚があるように思う。

自分が送れる人生は一度しかない、けれど他者の日常を文章を通して知ることで自分が歩むことのない人生の片鱗を味わうことができるから興味深いし楽しいのだ。

本を読む楽しさを説くとか、本のカルチャーを若者に普及させたいなんて思いは私には微塵もない。元来、人と交流することが苦手で一人で好きな世界に埋没できるから本が趣味になったわけで。興味がなければそれはそれで良いし、個人個人が好きなように自由に楽しめば良いと思っている。

ただ、我が子に対しては親の我儘だとは重々分かっていても〝本で知らないことを知りたい、初めての体験をしたい〟そんな欲求を持つ子に育ってくれたら嬉しいなと思う。


二十代の若者たちとの交流を終えた翌日、休日の昼下がり。

リビングで夫はいつも通り寛ぎながら携帯の画面を眺め、私は一生訪れることはないであろう異国の地の風景を写した写真集を眺めている。

ページを眺めながら旅人の目線になり雄大な景色に「ほぅ……」とため息をつく。

そんな私にトコトコと近づき、両手で「ん!!!（これ読んで！）」と嬉しそうに絵本を差し出すアト坊。

もうすぐ二歳、本に興味津々な傾向が増してきて母としてとても嬉しい今日この頃。

我が子のこの瞳の輝きが、どうかこの先も大人になっても変わらず煌めき続けてくれますように……そう期待を膨らませながら、アト坊を膝に乗せてハリキッテ絵本のページを開いた私であった。

息子の将来

息子アト坊は、出産予定日よりもかなり早く生まれてきた。朝の家事を終えて、さて本でも読むかとソファに横になった瞬間に突然の破水。

「ヒャァァァ」と慌てふためいてから三時間後、私は母親になった。

こうして無事に生まれた赤子は体重も標準より少なく、最初の約一ヶ月月間は新生児集中治療室から出られない状態で私は毎日搾乳した母乳を届けに向かった。「大丈夫だろうか」「これから元気に生きていけるのだろうか」

目の前の息子はただただ壊れそうなほどにか弱い存在に映った。

保育ケース越しに小さく柔らかい手を握りながら子供を見守る私は不安で溢れていた。

ところが今ではどうだろう。がむしゃらに子育てに臨んだ二年間があっという間に過ぎた現在。

「お母さん！　今日アト君はちょっと目を離した隙になんと年中さんに混ざって木登り

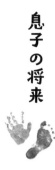

してました！」

「今日の給食の時間は昭和のカミナリ親父のように気に入らないおかずをお皿ごとひっくり返していました！　バナナのおかわりがなくて激怒してました！」

「園庭の水溜りにダイブして一人で爆笑してました！　着替えのストックがもう無くなりました！　明日多めに持たせてください！」


一歳を過ぎた頃から通い始めた幼稚園の連絡ノートには抜粋するとキリがないくらいアグレッシブな日々の様子が綴られており、あんなにか弱く小さな赤子だった息子は常時大人をヘトヘトにさせるほどのウルトラ腕白小僧へと成長を遂げた。

担任の先生との懇談会では「とにかく体力があるので将来はスポーツ選手になるかもしれませんね」「集団行動より単独行動の方が好きな傾向があります。静と動でしたら圧倒的に動が多いです。めちゃくちゃ好奇心が旺盛です」と聞かされ、紛れもなく私のDNAが爆発している……と慄きながら、イヤイヤ期真っ只中の息子をいつも手厚く面倒を見てくださっている園の先生方にヘドバンのように頭を下げるのが日常になった。

「可愛いねぇ」と道端で笑いかけてくれたお年寄りの手から杖を奪って逃走するわ、冷蔵庫に登って大好物のプリンを勝手に取り出すわ、叱られたり、都合が悪いことがあったりすると、どこで覚えて来たのか寝たふりまでするようになったのである。

たった二年間で人間ってここまで成長をするんだ！と、ひたすらに驚嘆している。

子供が独自の思考を持ち始めていくと同時に子育ての悩みも新たに増えてきているわけだが、やはりなんと言っても「どのように子供と向き合っていくか」は試行錯誤しても正解が見つからない（正解なんてないのかもしれないが）悩みだ。

子供がこの先、どんな風に成長してどんな大人になるのかは当たり前だが親とはいえ全くわからない。だが空想はしてしまう。

どうしてだろう、私は息子の将来を想像する度に、いつもサスペンス仕立ての会話劇が脳内でスタートしてしまうのだ。


（古本が溢れかえるリビングで対峙する私と青年になったアト坊）

「僕は……もう、もうウンザリなんだよ‼　古本が積み上がっていない世界で暮らしたいんだ‼」

「息子よ、仕方がないのだ。古本ハンターの血が流れる母から生まれし者の宿命を受け入れるしか道は他にない。お前ももう十八、いい加減に真の古本者になれ」

「嫌だ!! 父さんっ!! 父さんも何とか言ってくれよ!!」

「シュコーシュコー（酸素吸入器の音）」

「無駄だよ。父さんは古本が蓄積することによって発生した特殊なカビを長年吸ってきたせいで永遠に眠り続ける病にかかってしまった。車椅子だが肉体は元気だし、ほら、ご覧。脳波のデータを見る限り父さんは今も楽しい夢を見ているみたいだ。むしろ病にかかって良かったのかも知れないな。ククク」

「くっ……僕もいっそ父さんと同じように病にかかりたい!! 古本のない世界で生きる夢を見ていたい!!」

「残念だな、息子よ。それは叶わない願いだ。古本ハンターの血が流れるその体にこのカビは効かない。そなたの肉体にはどんな菌も太刀打ちできない耐性が備わっているのだ。ふふ……赤ん坊の頃から古本にまみれさせて育てた賜物だ」

「一生買い続けなければならないのか！ 自分以外が買わずに誰が買うんだという謎の使命感に突き動かされて均一棚から読みもしない本を買い続け積み上げ続けるのか！」

「そうだ。古本エリートの名家に生まれた自分を誇るが良い。この母が全て教えてやろう！　掘り出し物を探り当てる嗅覚を‼　ギチギチに詰まった棚から一冊の本を傷めずに取り出す指先の動作テクニックまで！　ありとあらゆる古本ハンティングの叡智を授けてやろう！　ガハハハハッ」

「狂ってる……」

（マッチ箱を持つアト坊）

「⁉　息子よ、何を手にしているんだ。やめろ、やめるんだ！」

「こんなものッ……こんなもの燃えてしまえッ」

（火のついたマッチ棒が投げこまれメラメラと燃え始める古本タワー）

「ギャアアアーーーーーーッ　私の古本がぁぁぁッ」

（炎に包まれた古本の山に向かっていく半狂乱の私）

「さぁ！　父さん、僕と一緒に逃げるんだ！」

「シュコーシュコー」

ゴ〜ゴ〜ゴ〜ゴ〜（屋敷が燃える音）

「母さん……すまない……こうするしかなかったんだ…‼」（涙を流すアト坊）

父と息子が脱出した後すぐに火の手が勢いよく建物を覆い尽くし、古本屋敷は一晩で灰と化した。だが、駆けつけた消防が調査に入るも不思議なことに焼け跡からは女の焼死体は見つからず、代わりに屋敷の地下室から火の手を免れた夥しい量の古木が発見された。それらは息子の意向で古本屋に全て持ち込まれた。「いやぁ、雑本ばかりで困ったけどねぇ。まぁ息子さんも苦労されたんでしょうからね、全部まとめて引き取ることにしたんですわ」と店主は後に話している。

新種の古本カビによって病に倒れていた父親は古本のない清潔で新鮮な環境で療養生活を送ったのちに無事に回復を遂げた。息子は収集癖による犠牲者をこれ以上出さないようにと強い使命感を持ち、名門大学を卒業した後に優秀な精神科医となった。今ではコレクターやマニア専門のカウンセラーとして全世界を飛び回り、活躍の場を広げている。【完】

くだらない。あぁなんてくだらない!! そう思いながらも止まらない妄想。

その後一命を取り留めた母親（私）が収集教なる新興宗教の教祖となり、息子と再会を果たし親子死闘の頂上決戦を繰り広げるといった続編ストーリーまで考えてしまっている自分がいる。
夫にこの妄想会話劇を聞かせてみたところ、ただただ憐れむような表情でそばで遊ぶアト坊の頭を撫でていた。

人間期待し過ぎると良くないと、これまでの人生経験上イヤというほど理解したので、将来展開されるであろう古本と子供の物語はマイナス方面に進む可能性が大きいと想定して、いざ本当にそのような事態になった時に少しでもダメージを受けないよう心の鍛錬に励む私だ。

だが逆のパターンを想像してニヤニヤすることだってある。
「お家にある本って、どれも面白いね！ボク、本大好き！」と喜ぶ小学生になったアト坊、「今度彼女とデートに行くんだけど、彼女も本が好きでさ。どこかおすすめの古本屋か本屋ない？」と相談してくる高校生になったアト坊、「母さん、あそこの棚の端から端まで買ってあげるよ。え？棚ごと欲しいって？ったく仕方ないなぁ〜。すみません（店主さんに向かって）この棚にある本全部ください」と私の誕生日に山ほど古本をプレゼントしてくれる成人になったアト坊。

なんて都合の良い独りよがりな妄想か!!

だがどちらにせよ、一人の人間としての息子の意思は尊重してあげないといけないと今から自分に言い聞かせている。

今は幼いアト坊もいずれ大人になる。その過程で恐怖の反抗期だってやってくるに違いない（息子の反抗期に古本を買い漁って精神の安定を求めようとする四十代の自分を想像してしまう）。

思春期を迎えたアト坊に「ババァ！古本なんてウザイんだよっ！」ともし言われたその時、私は母として古本者としてどんな対応ができるだろう。

「あんたって子は……！」と泣き崩れる？それとも平手のビンタを飛ばす？色んな対応が想像できるが、私は爆笑する自分が真っ先に思い浮かんだ。

「この面白さがわからんとは。まぁ別にわからなくてもいいけどね！アハハ！」と答えると思う。そんな風に子供と付き合っていける親になれたらなと思う。

将来どんな子に育って欲しいかと聞くと「母の日や誕生日に花を贈るような、そんな優しい子に育って欲しい」と夫は答えた。なんと。それは泣いちゃう。

息子よ、なるべく父のような真っ当な人間をお手本にして生きていきなさい……母のようになるんじゃないよ、でも、なりたかったら全然なってもいいよ、大歓迎さ……と、抱きついてきたアト坊に囁きかける私なのであった。

ホットケーキの記憶

月日の流れはジェットコースターの如く、母親の自覚とはなんぞやと問われても未だに即答はできぬ今日この頃。

この五月に息子アト坊は二歳になった。

無事に健やかに今日まで育ってきてくれたことに対して、信心深いとは言えない私も、目に見えない何かの存在に感謝し手を合わせずにはおれない。

最近になって彼のためにホットケーキを焼いてやる機会が圧倒的に増えた。

口に入るものならば何でも興味津々にモグモグゴックンしていたあの離乳食時代がウソだったかのように、偏食で好き嫌いが多い幼児食シーズンを迎えている現在。

魔の二歳児、どこからともなくよく耳にしていたフレーズをこの身で痛感する日々だ。

イヤイヤ期も相まって毎度の食卓時間、頭を抱えない日はない。

アト坊が一杯の小さなご飯茶碗の米をしっかり完食した日には私の脳内では戦勝パレードが

繰り広げられ、そしてこの時ばかりは「私、いつも頑張ってるよね！　今日ばかりはご褒美に古本買ってよし！」と自分自身を労う行為がお決まりパターンとなっている。

野菜を食べた日なんぞ「今日は奇跡が起きなすった！　ヒャッホー」とサンバのステップで踊り狂いながら室内を練り歩き、そんな日の夜は値段関係なく欲しい古本を一冊カートに入れて購入ボタンを押している。

どうやら白米よりもパンやうどんを好む傾向にあるので研究と試行錯誤を重ねた結果、野菜などのペーストを練り込んだパンケーキなら高確率で栄養を摂取してくれるという結論に至った。

そんなわけで、我が家ではホットケーキミックスの袋が台所に常備されるようになったわけだ。

アト坊の二歳の誕生日もおやつはホットケーキにした。

この日は彼の好物である安納芋のペーストとヨーグルトを混ぜ込んだスペシャル版に。卵と牛乳が入ったボウルに粉を入れて一緒にシャカシャカ混ぜる。

だが、こんなめでたい日にも関わらず、やはり、この慣れた動作をしながら昔のことを思い出してしまう自分がいた。

実を言うと、私にはホットケーキに苦い思い出しかないのだ。

それは学生時代、いつも貧乏だったあの頃（今も貧乏……ということは敢えて括弧の中に留めておくことにする）。

言わずもがな貧乏の原因は古本趣味だ。古本以外の用途に使うことも勿論沢山あったが、文句なしに古本の出費がかなりの割合を占めていた。

その上、古本を買いに行く際の交通費も地味に大きかった。

西に即売会があると聞けば出向き、東に古本屋があると知れば電車の切符を買う。そして行った先々で雰囲気の良さそうな喫茶店を見つけて古本行脚の疲れを癒すべく、また戦利品を愛でるべく、珈琲やケーキを食べる。

そんなことを当たり前のように繰り返していたら塵も積もれば山となるのは自然の流れ、時給七五〇円（安い！）のリサイクルショップでのアルバイトと時給六〇〇円（や、安過ぎ！）の大学の食堂での皿洗いバイト、これらで稼いだ一ヵ月の給料は二週間も経たぬうちに瞬く間に消えていった。

やはり本職は学生、学業に勤しまねばならぬ身がそんなに多くの労働時間を割くことができるはずもなく、毎月稼げる金額はたかが知れていた。

毎月実家から振り込まれる仕送りはというと、内訳が下宿先の家賃、光熱費、水道費……と、きっちり決められたものだった。当然、余剰分は食費に充てられるべきなのだが、若くして財布の中身をカラにする才能を開花させた人間に〝やりくり〟なんぞできるはずもなく、いつも残高に印字されるのは駄菓子並みの金額になっていた。

恥ずかしい話だが、「授業で必要な教材を急遽買わなければならなくなったからお金少し送ってぇ……」と嘘八百を並べて電話で両親に懇願したことも度々ある。

ちなみに、私の父は女手一つで自分を育ててくれた祖母に苦労をかけまいと学生時代は学費や生活費を自力で稼いでいた人間で、夏場はデパートの屋上ビアガーデンでウェイターをやったり（両手でデカいビールジョッキを十個持って運んだり！　当時の話を聞くとこれがまた面白い）、家庭教師をやったり掛け持ちバイト生活に明け暮れながら学業も頑張っていた孝行息子だったらしい。

そんな話を大人になってから改めて聞いて、仕送りがあった自分は相当に恵まれていたなぁと感じずにはおれない。

が、だとしても当時の私はそんな話知ったこっちゃないという不肖ぶり、仕送りが入る月初、ゆうちょ銀行のＡＴＭに全力疾走するのが常になっていた。

そのような欲望に忠実な自転車操業的生活を送っていたこともあり、安くて食べ応えがあるホットケーキは貧乏学生の救世主的食物だった。米なんて高くてとても買ってはいられない。

なので時々、実家から不定期に送られてくる救援物資の段ボールの中に二キロの米袋が入っているのを見つけた日は小躍りをしていた。

そんな私が月末、米櫃の底が顔を見せ始めると、やることはいつも決まっていた。

一番安いメーカーの税込二百九十八円のホットケーキミックスをスーパーで購入し、少しでも焼く枚数を増やす為に水を多めに入れて液を作り、狭い台所で虚無の表情でひたすらフライパンで一気に大量に焼いていくのだ。そうして焼き上がった一枚一枚をラップに包んで冷凍しておく。

これが、朝・昼・晩三食パンケーキライフ開幕の儀式であった（食堂バイトの賄い飯や、デパートのお惣菜売り場でバイトしていたサークルの先輩から持ち帰ったおかずを分けてもらうというラッキーデーもあったが）。

古本を買って生活費がカツカツになって我慢して食べるホットケーキは腹を膨らます為の存在でしかなく、電子レンジでチンされたそれは水分が抜けてパサパサで、とても美味しいとは感じられなかった。

とは言え、この体験と引き換えに得た古本生活は比較しようがないくらいに大きな喜びに満たされたもので、私が幸せだったのは確かだった。

以前、夫に「思い出の食べ物ってある？」と聞いたことを思い出す。神妙な表情で「学生時代によく食べてた焼肉のタレをかけたご飯かな……」とポツリと答えたのが可笑しかった。

夫の実家では米作りをしており、学生時代は米には困らなかったそうだ。なんて羨ましい……。

肉が食べたくてもなかなか気軽に買えなかったあの頃、目を閉じてタレが絡まった白米を口に運ぶだけで幸せな気持ちに浸れていたらしい。

妄想で欲望を満たしていた夫のように、人にはそれぞれの思い出メシなるものがあるわけだが、私の場合、ホットケーキはなんとなくマイナスな印象が切り離せない存在として、未だにその根をがんと張っていたのだった。

おたまですくった生地をフライパンに円状に流し込み、丸い塊の表面がフツフツと膨らんでいく。その様子を、自分の切ない思い出を振り返りながらぼんやりと眺めていると背後から視線を感じた。

アト坊がまだ焼き上がらないのかと、今か今かとテーブルから身を乗り出してこちらを見つめていた。それはもうすごく嬉々と目を丸くしてホットケーキのでき上がりを待っているのだ。

息子にとってのホットケーキ、それは嬉しいものに他ならない。

同じものなのに私とは全く違う見え方をしていることがなんだか面白く思えた。

何かを我慢した上で欲しいものを手に入れる爽快感や、自分が働いて稼いだお金で好きな物を買う楽しさを全力で満喫していたのはあの頃だったなぁ。

「考えてみたら、私が一番がむしゃらに、そして貪欲に古本趣味を楽しんでいた時代を象徴する食べ物だよ、これは」

独り言を漏らした私の顔を見て、普段母の見慣れない真面目な表情が新鮮だったのか、息子はニコォと小さな歯を覗かせて笑った。

ホットケーキという存在に対する自分の記憶がアップデートされつつあるのを感じながら「よっと！」と勢いよくフライパンを振って生地を宙に浮かせてみせる。昔からこのひっくり返す派手な瞬間だけは変わらず好きだ。

「ぅあ！」

アト坊の歓声が上がる。

ペタリと華麗にフライパンに着地したホットケーキの表面は、それはそれは綺麗な黄金色に焼けていた。

この日はせっかくなので大きな大きな一枚を二人で分け合って食べた。

これから作っていくホットケーキも、きっと、もっともっと美味しく感じられるに違いない。

最後に、最近読んだ本の中でとても痺れた一節と出会ったので是非紹介したい。

「わが古本の楽しみは、これといった目的を持たない。だが、未知との遭遇なくして何の人生か」

映画・文化史家である田中眞澄氏による『本読みの獣道』（みすず書房）からの抜粋なのだが、母親道二年目を迎えた今の自分にはとても心に響く文章だった。

これ以上に〝古本者の心情〟をシンプルに表現したものは他にないだろう。

母親になった後も育児に奔走しながらも〝古本なくして何の人生か〟と言い切ってしまえるこの私に、これからどんな出会いが待っているのだろう。

それはそれはもう、楽しみでならないのである。

古本女の
子連れ古本者あるある(?)劇場
1歳児編
やられたらやり返す…
ねぇ、これ捨てていいの？
ここに置いてるやつ
マスク！
え…？
ああ… うん、もう使わないから捨てるやつ
プンスカ
もー！ゴミなんだったらちゃんと捨ててよねー
プンスカ
……
いっつも置きっぱなしになってるし…
ブツ
ブツ
いらないものはすぐに捨ててよね！
ブツ
ガサッ
数分後…
ねぇ、これ捨てていいんだよね？ずーっと置きっぱなしになってるし。
いらないよね？
えっ!? なにっ？なにが？
これ
ゴミだよね？
買ったまま読まずに詰んでいる古本のタワー
ゴゴゴゴ
ち…ちがう…
何がちがうって？
ひっ…ひぃぃぃ
夫の仕返しは
百倍返し…

古本で女の
子連れ古本者あるある(?)劇場
一歳児編
老後……
10代、20代ー…
「老後の楽しみに♡」
そう言い続けながら
あれも これも
老後にゆっくり読めばいいから、とりあーんず買っとかなよ♪
むさぼるように
古本を買いまくった。
もちろん読まずに
とりあーんず買いまくった。
しかし子も産まれ、家に積み上げられた古本達と向き合う時間が増え…!
あうー
じゃ、おやすみー
夜は夫が坊と寝てくれるので私は階下で過ごす
よろしくねー
おやすみー
夜にはヘトヘトMAX
本を読む楽しさに触れていこうという考え方に変化してきた。
夫と坊が2階に行った後
ふー…やっとゆっくりできる…
よいせっと
さぁ〜て読むぞ読むぞ!!
積んでいた古本を一冊手に取りソファに座る。
しかしーー…
私はやっと気付いた。本を読むにも体力が必要だということをー…
グカー
1ページすら読めずに撃沈
果たして、老後の楽しみ(古本)を老後に楽しめるだろうかー…

古本女の
子連れ古本者あるある(?)劇場
立派な古本戦士になる為に……
一歳児編
あっという間に一歳か… 早いなぁ…
最近は特に色んなものに興味持つようになったし…
あばば あうあー
日々成長だねえ… しみじみ…
ゆくゆくは……
ハイ問題です!! 岡山県と言えば?
はいっ 万歩書店です!
別名は「古本者のディズニーランド」です!
5才
正解っ
うんうん♡
うふふふ…
では"8月""京都"のキーワードと言えば?
はいっ 下鴨納涼古本まつりです!
正解♡
パチパチ
ホホホホ…さすが我が息子だわね…
立派な古本戦士になる為の…
うっとり…
ウがー
?
最高の教育を注いであげるからね…
ムフフフフ…

古本女の
子連れ古本者あるある(?)劇場
一歳児編
罪悪感0のストレス発散術….
イライラしたり悲しいことに心が囚われている時こそ古本を買う。
イライライラ
それもちょっと良い値段のもの。(通常運転の時は買うのを少し躊躇してしまうような)
ポチり
なかなか出歩けないのでネットで注文
ストレスを発散する方法は人によって色んな種類がある。
甘い物を沢山食べる…
お酒を呑む…
服飾品を買う…
運動をする…
エトセトラ エトセトラ….
私にとって"古本買い"は最良のストレス発散手段だ。なぜなら手にした古本を眺めると(もしくはポストに届いているのを目にすると)一瞬にして心はハッピーに!
ヒャッホ～♪
ムフフ…
さすりさすり
そしてその古本は好きな時に何度でも開くことができる。なので、お金を使ってしまったという罪悪感もわかない。
そして"財産"として我が子に残してあげれる!!
ホ～ラ、アト坊♡ 母ちゃんが天国行ったら
この本はお前のモノだぞ～♡
これは貴重な本なんだぞ～♡
数十年後にはもっと価値があがってるかもよ～♡
…
プップ～♡
なんて素敵!!!
…と思うようにしている。

特別寄稿

不自由で自由な旅

金原みわ

「出産し育児し環境が大きく変わった立場の、同世代の女性にも手に取ってもらいたい本です。ぜひエッセイの寄稿をお願いします！」

最近全然表立って活動していない私がエッセイなんて申し訳ない……と遠慮していたところそんな風に言っていただいた。それならば書かせてもらうこともあるかと、筆を取った次第だ。

金原みわ、珍スポットトラベラー。車で寝泊まりしながら全国の変わった場所を千箇所以上巡った。山奥にありもう誰も詣らなくなった廃れた性神崇拝を巡ったり、何十年に一回しか開催されない奇祭に参加したり、普通の人なら忌避する食材を食べたり。毎週何処かでイベントに出ては、その非日常な旅のことを話していた。過去形になっているのは、妊娠出産を経て子を抱えていると、そういう活動をすることが極度に難しくなったのだ。

生まれてきたばかりの赤子はフニャフニャで、例えば三時間ごとに乳を飲まなければ死んでしまう、物凄く弱い存在だった。せわしなく全国を自由に飛び回っていた私の非日常は、不自由で圧倒的な日常の前にひれ伏さざるを得なかった。勿論旅は好きだから行くけれども、まずは子供が安全なところ、子供が満足出来るところを主に選ぶようになった。

でも、そうやって旅の形が変わることは悲しいことじゃないし、形が変わったからこそ楽しめることもある。カラサキさんも、不自由さを感じながらも古本趣味を大いに楽しんでいる様子を見て、同じだと思った。変わったけど、根底にあるものは変わらないのだ。

まずそもそも、単純なのに難解である子という生き物が面白い。そして子との日常は、知っているはずなのに全く知らない世界線で、驚きの連続だ。子の興味を追っていけば、街で見かける車がモーターグレーダーやアスファルトフィニッシャーという名前であることを知ったりするし、家でダンゴムシを飼うことになりそのウンコが四角いことを知ったりする。

子と一緒に行く珍スポは、それまでとは違った見方に変わったりする。例えばノスタルジー感じるレトロ遊園地へ行ったとしても、子にとっては懐かしい対象なわけがない。低くて小さくて色褪せた観覧車も、子にとっては大きくてキラキラ輝いて見える一大アトラクションだ。子と共にそこで遊ぶと、古さと新鮮さとが撹拌されて、味わい深い場所へと変わる。

また、子と私の興味が融合して面白い形に着地することもある。子が草花に興味を持ったので、そこらに生えてる雑草の名を片っ端から調べていた時のことだ。子は名が気になっただけのようだが、私はその「味」も気になったので、近所に生えている雑草を片っ端から調理して食べてみた。絵本でドングリパンというものが出てきたのを見て、ドングリの渋抜きをして実際にドングリパンを作ったのも楽しかった。毒草の話もしていたら「これはうらがしろいからだいじょうぶだね」とヨモギとトリカブトとの違いも四歳にして分かるようになった。もし世界の終わりが来て食料難になったとしても、子はちょっとだけ長生きするかもしれない。

また最近は子と車中泊で遠出することも増えてきた。私が一人旅の時に寝泊まりしていた軽ワゴンは、子連れ車中泊にもぴったりであった。

「ママ、たびのおはなしして」

子にそんなことを言われるので、寝かしつけの時にぽつぽつ話す。車中泊といえば、どこかの冬山で車中泊したとき寒すぎてなかなか眠れず、旅で手に入れたパンフレットを寝袋の中にちぎっていれて蓑虫のように暖を取ったことを思い出す。あの時は自分一人だし、まあ死ぬこともあるか的な、行き当たりばったりで無茶な旅ばかりしていた。

「あの時は、一人で怖くて、死にそうなくらい寒かったよ。でも今は、皆が居るから暖かいねー」

親子川の字で並ぶ。子を死なせてはならないので無茶しすぎないし、家から羽毛布団を持ってきている。そして親子が川の字で並んだ際、子の体温は高く熱源になるので、まるでコタツのように暖かい。

「ママ、ぼくがいてよかったね」

「うん、良かったよ」

圧倒的な生の暖かみ。私とは違う人間の温もりを感じながら寝ると、ああ生きていて良かったーと思う。そして、決して今は死ねないとも思う。

そんなこんなで、私の旅は妊娠出産育児で形を変えて、一緒に旅してくれる同行者達が出来た。子と一緒に過ごせるのは残り少ないとは思うが、この愛しくて不自由な旅を、思う存分楽しむつもりである。非日常は日常に、自由は不自由に、逆もまた然り。子が巣立ったあとにはまた、自分達だけの自由な旅へと変わっていくと思うが、その時の旅の仕方もきっと昔と違うものになっていそうで今から楽しみだ。

カラサキさんにとっての本という存在も、人生の中でいろんな形を変えていくのだろうなと思う。同じように旅人で、同じように母という立場で活躍している彼女。一緒にするなと怒られそうだが、勝手に共感しているので、勝手にこっそり応援し続けたいなと思っている。

金原みわ（かねはら・みわ）
一九八六年生まれ、兵庫県川西市出身。全国の珍しい人・物・場所を巡る、珍スポットトラベラー。著書に『さいはて紀行』（シカク出版）、『日本昭和珍スポット大全』（辰巳出版）、『金原みわの珍人類白書』（有峰書店新社）など。現在二児の母。

カラサキ・アユミ解剖学

小山力也

カラサキ・アユミ氏は、かつて〝古本乙女〟であった。現在は一人の子を持ち〝古本母〟となったが、正確に言えば新たに〝古本母〟としての一面を獲得したわけで、実は〝古本乙女〟の一面は、自分の中にしっかりと残っているのである。同様に氏は、〝古本妻〟であり〝古本婦人〟であり〝古本嫁〟であり〝古本娘〟であり〝古本妹〟であり〝古本孫〟であり〝古本従姉妹〟であり〝古本ママ友〟であり〝古本友達〟であり〝古本知人〟であり〝古本国民〟であり〝古本県民〟であり〝古本市民〟であり〝古本町民〟であり〝古本隣人〟であり〝古本通行人〟であり〝古本同行者〟であり〝古本乗客〟であり〝古本観客〟であり〝古本旅人〟であり〝古本観光客〟であり〝古本宿泊客〟であり〝古本帰省客〟であり〝古本料理人〟であり〝古本文筆家〟であり〝古本漫画家〟であり〝古本ハンター〟でもある。〝古本子供〟〝古本生徒〟〝古本店員〟〝古本店子〟など、多少失った面も幾つかあるが、それでもその顔は多面で膨大である。これらが何を意味するのかと言うと、日々の生活を送るすべての瞬間に於いて、古本（この論考ではこの言葉に『古本屋』も含むことにする）が常に頭の中に巣食い、日常と次元を異にしながらも、頑強に離れ難く寄り添っていることを表しているのだ。これは〝古本病〟（三度の飯より古本が好き。読むのも好きだが買うのも大好き。古本屋を見つけたら素通りなど許されない。常に何処かに潜んでいる欲しい古本の夢を見ている。家にはどんどん古本が増えてゆく……等々）患者の常であり、本書を読んでいただければ、氏もその例外ではないことがおわかりいただけると思う。一見異常に思われるかもしれないが、人間多かれ少なかれ、このような一面は持っているわけで（別のことを考えながら別なことも出来る。これは人間のスペックの高さであり業でもある）、それが多少拡大し過ぎた症例と考えていただければ、ご理解いただけるのではないだろうか。

だが氏は、そんな大好きな古本により常に圧迫している日常を、決して疎かにしているわけではない。子や夫や母や将来のことなどを自分なりに真剣に考え、苦渋の決断の末、古本の割合を減らしたり、時には抹消したりして（とは言っても決してゼロではない……）、世間や社会生活とのバランスを、どうにか取っているのである。このバランスを取る行為は、古本病に罹った者として当然ストレスになるわけだが、実は氏にとっては、これが生きる上での重要なファクターとなっている。この古本病と現実社会とのせめぎ合いは、古本病に罹患している本人にとっても、時に滑稽と思える状況を生み出し、〝古本文筆家〟〝古本漫画家〟としての面を持っている氏は、それを素材に作品を生み出すことが出来るのである。これは大きなメリットである。しかもこれが表現に繋がるからこそ、時に古本を買い過ぎるのも、色々放り出して古本屋に滞店し過ぎるのも、無茶で楽しい古本屋弾丸ツアーに出かけられるのも、『原稿を書くから……』『取材だから……』を理由にした免罪符によって、おおっぴらに（だがそれでも心の中ではビクビクし、罪悪感に苛まれるのは仕方がない。それは氏が善人である証拠である）古本と戯れることが出来るのである。さらに、この〝古本〟に相対する〝日常生活〟は、すべて氏にとって〝縛り〟であると言えるのだが、この〝縛り〟、つまりは制限されるからこそ、それをクリアした時に、飢えからスタートした古本に対する喜びが一層倍加され、その喜びは氏の糧と力となり、ついには表現に繋がり、本書のような一冊が誕生するわけなのだ。恐らく〝縛り〟など何もなく、ただただ古本を求めて生きていたら、本人はそれで良いかもしれないが、この本に散らばっている、微笑ましい人間的な活動と愛情は、皆無となるのではないだろうか。ただただ、欲望の成就を目指すエピソードは、もはや純粋な学究の世界に近いものとなり、専門的で無味乾燥に近づいて行くであろう。〝縛り〟に押さえつけられる環境下だからこそ、解放時に予想外の飛距離を記録するのである。これからもその〝縛り〟は、様々なパターンが増えて行くことが予想される。そしてその度に、新たな愉快なエピソードを生み出していくであろう。特に息子の成長は、予想の斜め上を行く古本エピソードを増産すること請け合いである。小学校入学・反抗期・親離れ・子離れ・就職・自宅での恋人との面会・一人暮らし・結婚……もし氏が夢想するように、息子が古本エリートとして育ったならば、ここにさらに古本母と古本息子による相乗効果に満ちあふれた、氏が求める以上の古本塗れの人生が待ち構えているのかもしれない。はたまた万が一にでも、あの古本に興味のない素敵な夫が、古本屋に通うようになり、氏と楽しみを共有し始めるかもしれない……。まだ見ぬ未来は、古本の海のように広大である。

だが、私は知っている。同じ古本病に罹った者として、知っている。我々は、どんな状況下でも、どんな悩み事や急用があっても、古本屋に入ってしまい、棚の古本と、さらにその向こうに広がる文字の世界に繋がれば、すべてが、あらゆる〝縛り〟が溶け落ちてしまい、ただただ欲しい買うべき古本を、家の棚に架蔵したい古本を求め、古本棚で構築された通路の迷宮に、闇雲に分け入ってしまうことを。この瞬間さえあれば、たとえ99％縛られていようとも、古本者は刺激的に楽しく生きて行けるのである。だから氏よ、決して〝縛り〟を忘れる事なかれ。〝縛り〟を〝アリアドネの糸〟として手繰り、古本迷宮から絶対に帰還するのだ。すると明るいお店の外には、家族があきれ顔を見せながらも、必ず優しく待ってくれているのだから。

小山力也（こやま・りきや）
一九六七年神奈川県生まれ。古書や古書店に関する著述、編集業で活躍する。全国の古書店を探訪調査するブログ「古本屋ツアー・イン・ジャパン」を運営。『野呂邦暢　古本屋写真集』（ちくま文庫）、『古本屋ツアー・イン・ジャパン』（原書房）、『古本屋ツアー・イン・神保町』（本の雑誌社）など編著書多数。

あとがき

我が人生は愛と感謝と、古本の日々だ。

私は本を手に取った時、まず〝あとがき〟から読む癖がある。いや、癖というよりは「あとがきが好き」と表現する方がしっくりくるかもしれない。

夫にそんな話をすると「えぇっ!? 俺はあとがきなんかまともに読んだことが無いけど……」と信じられないと言わんばかりの表情で驚かれた。

〝あとがき〟とは、本作りを料理に例えるならば作者が最後に振りかける仕上げのスパイスのような特別な存在であり、言うなれば、その本の〝らしさ〟がさりげなく色濃く出ているページでもあると思う。どのような過程でこの本が生まれたのかについて書かれていることが多く、そこには著者の現在進行形の感情や思想が綴られていて面白い。〝あとがき〟を読むと、会ったこともない見知らぬ人が書いた一冊の本に対して途端に親近感が湧いてくるのである。

そんなわけで、自分がいざ〝あとがき〟を書くにあたって何を語りたいかとしみじみ考えたわけだが、やはり、「趣味と育児を両立する日々は大変の連続だがそれを上回る面白さがあった!!」という個人的な大発見をこの場で改めて叫びたい。

収録されている文章は書き下ろしも含め、初めての子育てに四苦八苦している隙間の時間にほそぼそと書き続けてきたものだ。

この回の時は確か夜泣きが大変で、やっと寝かしつけが終わってヘトヘトになった夜中に睡魔と戦いながら書き上げたんだっけ、だとか、この回の頃はアト坊はまだ抱っこ紐の中で大人しくしてくれていた時期だったから古本屋でゆっくり棚をチェックできていたんだよなぁ、などと綴りたい思い出を挙げたらキリがない。

本書には育児についてのライフハックが書かれているわけでもなく、かといって古本漁りにおけるコツや極意が記されているわけでもない。どこにでもいる一人の女性が、時に母親の顔になって育児に奔走しつつ、時に欲の化身となって古本趣味の世界に埋没している日常風景がひたすら綴られている。

私が描く漫画は「決して上手くはないけど、何だか凄まじい情念を感じる。」とよく言われる。文章もきっと同様だと思う。唸るような表現テクニックもなければ言葉選びにセンスが光っているようにも我ながら思えない。ただただ、何かを伝えたいというがむしゃらさがこれでもかと滲み出ているような気がする。それはまるで子供が、お菓子の空箱にこっそり集めてきた宝物を（それは面白い形をした貝殻だったり綺麗な石だったり。だが、人によっては全く価値のないものに見えるかもしれない。）を取り出して得意げに熱っぽく「ねぇねぇ、これ見て。」と語りかけるような様子に似ているかもしれない。

この本が、古本趣味の人にも、古本趣味を待たない人にも、子育てをしている人にも、していない人にも、「この広い世界の、地方都市の片隅で、こんな風に生きている人間がいるんだ。へぇ〜。いろんな人生があるんだなぁ。」と、読んだ後にあなたの肩の力を少し抜いてくれるような存在になってくれたらと願っている。

最後に、この本に携わってくださったすべての方々に感謝します。

私に文章を書く場を与えてくださったノースフィールドの北野さん、書籍化の声をかけてくださり楽しいアクセントを本書に散りばめてくれた皓星社の晴山さん、お二人のお陰で私は自由にのびのびと書ける楽しさを味わいながら机に向かうことができました。ありがとうございます。

古本一括査定.comでの連載時（現在も連載中）原稿を送付する度にいつも心のこ

もった感想をくださった第一読者でもある担当の野澤さん、度々励みになる言葉を贈ってくださったライターの大森さん、文章を書く仕事を通してこうして心の友のようなお二人に出会えたことを幸せに思います。

小山力也さん、金原みわさん、趣味道において敬愛するお二人に寄稿していただけてこの本はより一層輝きが増しました。胸がいっぱいです。

夫にも尽きぬ感謝を。子育てのサポートをしてくれる心強い相棒がいてくれたからこそ、こうして宝物のような作品を生み出せました。

そして、この文章を打ち込んでいる今まさに、私の背中によじ登ろうと必死になっている息子アト坊にも溢れる愛を。君のおかげで私の古本人生はさらに愉快なものになりました。


日々出版される膨大な書籍の中からこの本を手に取り読者となってくださったあなたに心からお礼を申し上げます。

この一冊が、月日が経ちあなたの元から離れやがて古本となりどこかの古本屋の棚に並べられ、また新しい読者の手に届いたら嬉しい限りです。

愛と感謝を胸に、これからも私の古本ライフは続きます。
またいつか古本乙女シリーズの続刊で再会できる日を夢見て。

二〇二三年　冬　小さな息子の温もりを背に感じて。

カラサキ・アユミ

カラサキ・アユミ（pugyurata）

1988年、福岡県北九州市生まれ。幼少期から古本愛好者としての人生を歩み始める。奈良大学文学部文化財学科を卒業後、ファンションブランド「コム・デ・ギャルソン」の販売員として働く。
その後、愛する古本を題材にした執筆活動を始める。2021年に第一子誕生。現在は海と山に囲まれた古い一軒家に暮らし、家の中は古本だらけ。古本に関心のない夫の冷ややかな視線を日々感じながらも、子育ての隙間時間で古本を漁っている。著書に、『古本乙女の日々是口実』（2018、皓星社）がある。

古本乙女のX（旧Twitter）アカウント
pugyurata@fuguhugu

古本乙女、母になる

2023年12月15日　初版第1刷発行

著　者　カラサキ・アユミ

発行所　株式会社 皓星社

発行者　晴山生菜

〒101-0051　東京都千代田区神田神保町3-10
宝栄ビル6階

電話：03-6272-9330　FAX：03-6272-9921
URL http://www.libro-koseisha.co.jp/
E-mail：book-order@libro-koseisha.co.jp

装幀　藤巻亮一
印刷・製本　中央精版印刷株式会社

ISBN978-4-7744-0801-9